Administração de Empresas:
O Comportamento Humano em

Coleção Elos
Dirigida por J. Guinsburg

Produção: Plínio Martins Filho.

Carlos Daniel Coradi

Administração de Empresas: o Comportamento Humano

EDITORA PERSPECTIVA

Copyright© Editora Perspectiva S.A.

Direitos reservados à
EDITORA PERSPECTIVA S/A
Av. Brigadeiro Luís Antônio, 3025
01401 — São Paulo — Brasil
Telefone: 288-8388
1984

Ao Professor
CELSO LAFER

SUMÁRIO

APRESENTAÇÃO – Celso Lafer 7
PREFÁCIO 9
INTRODUÇÃO 11

I. ANTECEDENTES À ESCOLA COMPORTAMENTAL 15

I.1 Elton Mayo e a Corrente de Relações Humanas 15
I.2 Crítica à Abordagem de Mayo 19
I.3 Desenvolvimentos posteriores a Mayo: McGregor e as Teorias "X" e "Y" 23
I.4 Sumário 29

II. O ENFOQUE COMPORTAMENTAL: O INDIVÍDUO, SUAS MOTIVAÇÕES E A ORGANIZAÇÃO 31

II.1 Maslow e a pirâmide das necessidades humanas 31
II.2 Herzberg e os fatores de "higiene" em motivação 41
II.3 Argirys e o conflito entre o indivíduo e a organização 46
II.4 Likert e o "princípio das relações de suporte ao valor pessoal" 53

II.5	McClelland e seus fatores *n* motivacionais ...	60
II.6	A "teoria da eqüidade de Adams", sobre motivação	63
II.7	O "homem complexo" de Schein	67
II.8	Desenvolvimentos posteriores em teorias motivacionais: o modelo teórico de Vroom	73
II.9	Revisão das teorias sobre motivação	81
II.10	Conclusões da Escola Comportamental; Sumário	89

III. DESENVOLVIMENTO ORGANIZACIONAL 91

    III.1 Introdução ao estudo do D.O. 91
    III.2 As origens do D.O.: a Dinâmica de Grupos e a Teoria do Campo de Kurt Lewin 92
    III.3 As origens do D.O.: o treinamento de sensitividade 98
    III.4 A abordagem mais ampla: o desenvolvimento organizacional segundo Lawrence e Lorsch .. 101
    III.5 Conclusões do estudo do D.O.: Sumário 111

IV. SUMÁRIO FINAL E CONCLUSÕES 115

APRESENTAÇÃO

A palavra administração tem sua origem etimológica no latim: provém de *administratio, onis*, que significa ação de prestar ajuda. O primeiro mérito do livro de Carlos Daniel Coradi é o de corresponder à origem etimológica da palavra. *Administração de Empresas: o Comportamento Humano* presta, efetivamente, uma ajuda ao estudante e ao executivo — o público a que se destina — colocando ao seu dispor, com clareza e precisão, um corpo relevante de teorias que buscam examinar e compreender o comportamento das pessoas que trabalham em empresas.

A compreensão é um processo complexo e infindável, que tem como objetivo, ao buscar as conexões de sentido, ajustar-nos à realidade e reconciliar-nos com nossas ações. Nos nossos muitos anos de amizade e convivência profissional, Carlos Daniel Coradi e eu nos valemos destas teorias para tentar entender e responder a situações e desafios na empresa. Tenho, por isso, certeza que o leitor encontrará neste seu livro não apenas elementos para um entendimento abstrato, mas dados para sua ação concreta no contexto da empresa. A empresa, como se sabe, integra o universo das organizações complexas e configura uma parte significativa da vida na sociedade contemporânea. Daí também a relevância do livro, que tenho a honra de apresentar e que tem sua origem numa bem-sucedida dissertação de Mestrado, apresentada e defendida perante a Escola de Administração de Empresas de São Paulo, da Fundação Getúlio Vargas, em 1982.

O 3.º capítulo do livro examina correntes da teoria da administração normalmente agrupadas debaixo da rubrica "Desenvolvimento Organizacional". Estas correntes realçam a importância do estudo do meio-ambiente no qual as empresas se inserem e de suas trocas com esse meio-ambiente. Nada mais apropriado, portanto, que o Autor conclua sua pequena monografia com uma proposta em relação aos desafios do meio-ambiente brasileiro, que tem a sua base numa concepção moderna de iniciativa privada. Esta proposta é a de sugerir, diante das desigualdades de padrão de vida que avassalam o Brasil, a relevância da gestão competente.

Uma gestão, pública ou privada, é competente quando não fracassa, dissipando e dilapidando recursos humanos, sociais e materiais necessários para a sua continuidade. No caso do nosso país, a proposta do desenvolvimento organizacional, sugerida pelo Autor, significa ampliar o poder de controle da sociedade sobre o seu próprio destino. Esta ampliação passa pelo estudo honesto e rigoroso dos problemas, pela análise das possibilidades e limites técnicos e políticos da ação e pelo desejo de preparar o futuro, através da permanente vontade de intervenção. Estas notas, cujo alcance maior procurei realçar, caracterizam a pessoa e o trabalho de Carlos Daniel Coradi, credenciando sua obra à atenção do leitor.

CELSO LAFER

PREFÁCIO

Todo livro que se preza começa com uma explicação do autor do por que foi escrito e dos agradecimentos habituais.

Não quero, neste ponto fugir à regra, de resto, necessária.

Cursando a Pós-Graduação da FGV em São Paulo, em 1966, notei desde logo a relativa falta de preparo em conhecimentos de Teorias Gerais de Administração (entre os quais a minha), dos engenheiros, economistas, advogados, que procuravam aquela Escola de Administração, embora possuíssem bom preparo técnico em suas especializações.

Desde logo notei que a literatura brasileira (mesmo que em nível de tradução) era muito escassa, limitando-se a alguns poucos exemplares em inglês, que normalmente nunca estavam disponíveis na biblioteca... e, em geral, eram guardados pelos próprios professores! Daí veio a idéia, alguns anos mais tarde desenvolvida, de escrever alguns livros *básicos* sobre o assunto.

Foi o Professor Ruy Vianna Braga, tão precocemente falecido, que criou a primeira oportunidade para tal, ao me convidar para desenvolver um curso de Administração Geral, para engenheiros e gerentes das Indústrias, no Idort de São Paulo; deste esforço noturno, no qual a datilógrafa foi minha querida mãe (sempre a mamãe, a nos prestigiar e ajudar!)

nasceu *Teorias da Administração de Empresas*, publicado na Coleção Elos, da Editora Perspectiva.

Estimulado pelo Prof. Celso Lafer (a quem dedico este livro), que para mim é um modelo de combinação ideal "empresário-estudioso acadêmico", pensei em prosseguir na tarefa, abordando em uma segunda parte o problema do comportamento humano (que é o objetivo deste livro) e planejando, para depois, um terceiro volume com algo que reunisse os temas do enfoque de sistemas, processos e estruturas em administração empresarial e, quem sabe, mais tarde, um quarto volume sobre estratégias empresariais.

Para esta meta não ficar esquecida e empoeirada, muito ajudou Nancy Fernandes, que se encarregou, muitas e muitas vezes, de me estimular, sabedora, como ninguém, dos detalhes da vaidade humana e de suas importâncias como elementos de motivação. Quatro anos se passaram entre *Teorias* e este livro.

Quisera eu que fosse apenas um! Mas melhor serem quatro do que serem infinitos. E espero reunir mais motivação para completar a série pelo que, desde logo, muito apreciaria receber críticas de qualquer natureza dos leitores, já que vivemos em um sistema tanto tendencialmente cada vez mais aberto quanto, igualmente, mais complexo.

Finalmente, à minha querida esposa Lourdes e aos meus filhos, Iris, Paulo Sérgio e Vera, uma palavra de agradecimento pelas horas que não lhes dediquei para poder cumprir esta meta. Obrigado.

INTRODUÇÃO

Propósitos do presente livro

O título deste livro exprime, de modo sintético, o que tive em vista ao iniciar este projeto: um exame das principais correntes de análise do que vem a ser o comportamento das pessoas ao trabalharem em empresas, quer visando ou não o lucro, quer sejam elas pequenas ou grandes.

Minha idéia, definitivamente, não foi produzir algo para os estudiosos do assunto, os professores, os mestres em psicologia, em sociologia, os que se doutoraram em "Industrial and Organizational Psychology" em uma Universidade americana; bem pelo contrário, quis produzir um livro destinado ao estudante de administração de empresas que não tem tempo nem recursos para atingir 10 ou 15 livros sobre o assunto, mas que precisa de uma leitura bastante global sobre a matéria. Além deste público, quis também fornecer uma leitura sintética para o executivo brasileiro, este personagem tão relevante para a vida e sucesso nacionais. Nosso problema básico não é a falta de recursos naturais ou de potencial, isto temos de sobra para nossa competência e recursos financeiros atuais, sempre muito mais escassos do que precisaríamos. A questão é de eficiência e eficácia: colocar bolas no gol dispendendo cada vez mais menos energia. E aí é que entra o papel do executivo, como a grande variável que pode mudar o quadro todo, a partir, simplesmente, de seu próprio desempenho.

Ora, este é função de seu preparo, de seu correto conhecimento de como manusear as variáveis que lhe são relevantes. Destas, uma das mais importantes — senão a mais importante — são as pessoas, o chamado "recurso humano" — para encará-lo apenas como um dos fatores de trabalho — e senão para este fim, é preciso dotar este executivo de um mínimo de conceitos e conhecimentos sobre este ente complexo, dito "racional" (mas nem sempre...), chamado *homo sapiens*.

Para estes dois públicos, o estudante e o executivo, escrevi este volume e deles espero suas críticas, seus comentários, sua apreciação, enfim, torcendo para que meu livro lhes seja útil.

O livro tem quatro capítulos, a saber: o Cap. I: "Antecedentes à Escola Comportamental", que objetiva recapitular a obra de Elton Mayo, o psicólogo australiano que, por volta de 1920, descobriu, em experiências na empresa americana Western Eletric, as bases da psicologia industrial moderna, da importância da motivação, do papel do pequeno grupo informal, face à complexidade burocrática e formal da Organização.

Este capítulo apresenta ainda as críticas mais conhecidas ao trabalho de Mayo.

O Cap. II da obra é dedicada ao estudo dos principais autores, que, nos anos cinqüenta e sessenta, revolucionaram nos Estados Unidos o estudo de Administração, tirando-o do rumo clássico (a linha de Tayol-Fayol) e puxando-o rumo à psicologia e sociologia: Maslow, Herzberg, Argyris, Lickert, McClelland, Adams, Schein e Vroom são alguns destes autores, possivelmente os principais. O conjunto de seus conceitos compõe grande parte da "bagagem" do moderno executivo de empresas, que, ainda que não os conheça totalmente, certamente já foi exposto a algum de seus "estereótipos", como por exemplo a famosa "pirâmide das necessidades" de Maslow.

O Cap. III cuida de um capítulo de desenvolvimento recente, que interliga psicólogos e sociólogos com os "estruturalistas" e clássicos em administração: é a parte de desenvolvimento organizacional, a qual, certamente, é uma das áreas de grande evolução potencial, visto que ela une, finalmente, todo conhecimento já obtido na complexa tarefa de fazer a empresa mudar construtiva e positivamente.

O Cap. IV oferece um resumo e uma apreciação pessoal do caso brasileiro, contendo conceitos que me interessam ver divulgados, pois exprimem, ao meu ver, uma possível solução para que nós, brasileiros, superemos ou pelo menos diminuamos o abismo tecnológico e econômico que nos separa dos povos mais adiantados do Globo. E portanto, possamos oferecer, ao lado da liberdade, e com ela convivendo, padrões dignos e aceitáveis de vida.

I. ANTECEDENTES À ÉPOCA COMPORTAMENTAL

I.1. *Elton Mayo e a Corrente de Relações Humanas*

Em Administração de Empresas existem muitos conceitos, muitas teorias, muitos princípios.

Em verdade, este campo de estudos, estando ainda em formação nas suas bases, de um lado, e dependendo de conhecimentos das ciências não-exatas, tais como a Psicologia e a Sociologia, do outro lado, oferece tal vastidão, tal número de distintos enfoques que a maioria dos estudiosos do tema sente-se perdida na multitude de caminhos, de instrumentos e de enfoques.

Um desses caminhos é um movimento que começou nos Estados Unidos, na década de 1920, e que mais tarde foi batizado com o título de Escola de Relações Humanas.

Embora não seja propósito desta obra historiar todo o surgimento da tendência de Relações Humanas, um breve retrospecto será feito para que sejam entendidas as origens da Escola Comportamental, designação esta que engloba todos os enfoques que giram em torno do comportamento humano em organização*.

* O termo "organização", empregado muitas vezes neste texto, tem o sentido de processo, conforme o conceito de Weick: "Os pro-

Em 1924 uma empresa norte-americana, a Western Electric Company, que fabricava peças para telefones em Hawthorne, na cidade de Chicago, resolveu pedir à Academia Nacional de Ciências uma pesquisa com vistas a estudar a relação entre certos fatores físicos do ambiente e a eficiência de seus operários. A empresa enfrentava problemas de descontentamento generalizado entre seus operários, embora, para a época, oferecesse uma série de benefícios aos seus empregados.

Então, a corrente de pensamento com atuação junto aos problemas do campo industrial baseava-se na Administração Científica do Trabalho (estudos de tempos e movimentos), criada por Frederick Taylor e desenvolvida por seus sucessores. Taylor acreditava que com o aumento de eficiência industrial seria possível também pagar mais ao trabalhador, após aumentar os ganhos dos proprietários. De fato, seus entendimentos espalharam-se rapidamente pelos Estados Unidos, embora, conforme seu próprio relato, isto tenha feito com que os operários passassem a encará-lo com desprezo.

Os psicólogos profissionais da época (primeiras décadas do século) preocupavam-se com as questões ligadas à perda de energia física do trabalhador por analogia ao engenheiro de máquinas, que procurava baixar o atrito dos componen-

---

cessos de criar, manter e dissolver grupamentos sociais girando em torno de objetivos constituem o trabalho de organizar; as maneiras pelas quais tais processos são continuamente executados constituem a organização" (vide KARL E. WEICK, *The Social Psychology of Organizing*, Addison-Wesley, 1969; tradução para o português de Dante Moreira Leite, Editora da Universidade de São Paulo, sob o título *A Psicologia Social da Organização*.

tes móveis para eliminar as perdas não-produtivas. Questões tais como a fadiga produzida pelo calor, pelos ruídos ou pela umidade excessiva eram vistas, não como fatores psicológicos, mas sim como aspectos fisiológicos que deviam ser melhorados.

Foi neste contexto que Elton Mayo, psicólogo australiano que lecionava em Harvard a disciplina de "Investigações Industriais", desenvolveu, com um grupo de outros profissionais, uma série de experiências destinadas a correlacionar os fatores físicos ambientais da fábrica de Hawthorne com a eficiência dos operários. Tais experiências, que se iniciaram por volta de 1924 e se prolongaram por vários anos, foram cuidadosamente planejadas e executadas pela equipe da qual Mayo participava. Destas, a mais famosa é o caso da sala de montagem de *relays* telefônicos. Para que se pudesse estudar os efeitos da iluminação sobre esta tarefa, na qual trabalhavam muitas moças, escolheram-se dois grupos, um dos quais deveria servir de elemento de controle. Neste, o nível de iluminação deveria manter-se inalterado. Aumentando-se a intensidade de luz no grupo de teste, o número de peças montadas cresceu. Este efeito era esperado, porém foi surpresa observar que a produtividade do grupo de controle também subiu. Os investigadores resolveram então reduzir a iluminação do grupo de controle, e a produtividade voltou a subir. O que estava se passando e que levou a tais resultados?

Outras experiências similares foram levadas a efeito, todas com resultados igualmente pasmosos. Elton Mayo[1],

---

1. ELTON MAYO, *The Social Problems of an Industrial Civilization*, Routledge, Boston: Harvard University, Graduate School of Business, 1945, Cap. 4, pp. 70-76.

escrevendo mais tarde a respeito de sua interpretação do que se passava com as experiências, atribuiu a elevação da produção a uma mudança de atitude dos empregados: normalmente, eles eram tratados de uma maneira rígida e fechada pelos estudiosos de tempos e movimentos, que determinavam exatamente como cada um deveria trabalhar, com que método, com uma produção de quanto, com quais movimentos; nas experiências, pelo contrário, foi dada ampla liberdade ao grupo participante; a eles pediu-se cooperação; dessa maneira, passaram a sentir-se importantes, "passàram a ver um trabalho cujo propósito para eles era claro"[2]; passaram a congregar-se em um grupo (talvez até inconscientemente) com costumes próprios, a ter atitudes e a interagir como se fossem um só ente. Desta maneira, a fadiga e a monotonia, antes intimamente ligadas às propriedades físicas do ambiente (calor, temperatura, ruído) foram interpretadas por Elton Mayo mais como causas de seus comportamentos, os quais existiam também independentemente das experiências realizadas.

Nestes grupos informais surgiram naturalmente líderes, o grupo foi criando para si próprio regras de conduta que, de modo automático, passavam a ser consideradas pelos participantes; muitas vezes a conduta do grupo era francamente hostil à administração e a seus representantes. Afirma Mayo que seria "estúpido, senão fútil, tratar de desfazer tais grupos; a atitude inteligente consiste em tentar que os interesses da direção e dos operários coincidam, a fim de que o conjunto de grupos informais que forma o pessoal da fábrica adotem as mesmas metas, em vez de frustrar-se uns aos outros"[3]. Desta maneira o nível de produção, conclui Mayo,

2. Citado em J.A.C. BROWN. *The Social Psichology of Industry*, Penguin Books Ltd. England, 1954. Tradução para o espanhol por Breviários, Fondo de Cultura Económica, México.

3. J.A.C. BROWN, *op. cit.*, p. 98.

seria mais influenciado pelas normas do grupo do que pelos incentivos ligados ao pagamento em dinheiro.

Qual, em resumo, a abordagem de Elton Mayo, deduzida a partir das experiências de Hawthorne? Champion[4], dá-nos uma apreciação recente sobre essa abordagem: modelos tradicionais de organizações assumem que os seres humanos não têm emoção; Mayo acreditou que, embora todas as organizações apresentem muitos aspectos racionais, as atitudes e sentimentos de seus participantes devem ser encarados como fatores motivantes, afetando, portanto, a produtividade e o moral. Isto significa que, segundo o modelo de relações humanas, as empresas devem considerar tais sentimentos como estratégicos em cada fase de seu planejamento e mudança organizacionais.

I.2. *Crítica à Abordagem de Mayo*

Como foi dito no princípio, as teorias e escritos sobre administração de empresas, sobre organizações, enfim, sobre gestão, são tão numerosos, tão ramificados, tão diversos, que o leitor, que não seja especializado no campo, fica, com freqüência, perdido nos aspectos especializados, sem conseguir avaliar a contribuição particular do texto que estuda.

Ao tentarmos comentar criticamente Elton Mayo podemos, igualmente, enfocá-lo sob diferentes óticas, com diferentes profundidades. O engenheiro industrial certamente desenvolverá uma apreciação diferente daquela do empresário capitalista ou do sociólogo.

---

4. DEAN J. CHAMPION, *The Sociology of Organizations*, Mc Graw-Hill Book Company, 1975, p. 45.

Portanto, um critério para que examinássemos criticamente... Mayo seria aquele que nos permitisse dividir as apreciações pelas diferentes óticas, critério este que iremos adotar

A observação do engenheiro industrial em relação à Escola de Relações Humanas ocorre principalmente na linha do seguinte comentário: Elton Mayo conseguiu mostrar a inconveniência da abordagem clássica dos estudiosos de Administração de Empresas, mas não ofereceu um conjunto consistente de princípios, teorias ou regras que substituíssem tal abordagem. Além do mais, dizem os engenheiros industriais, na prática, mesmo em nossos dias, os métodos de gestão *efetivamente* contêm grande parte da abordagem clássica, tal como vista por Taylor e Fayol. De fato, consultando o *Handbook of Business Administration*[5] em edição relativamente recente (1967), o qual foi compilado por um conhecido engenheiro industrial norte-americano, H.B. Maynard, o mesmo sumaria as funções de gestão como compostas essencialmente de três – e apenas três – atividades básicas que um executivo deve realizar: planejar, executar e rever. Esta abordagem em nada difere da que havia proposto Henry Fayol em sua obra *Administration Industrielle et Générale*, de 1916. Portanto, a apreciação dos engenheiros industriais sobre a Escola de Relações Humanas tem seu sentido e sua razão.

A abordagem crítica do empresário capitalista, ou melhor dizendo, do empresário industrial, à obra de Elton Mayo, representa o ponto de vista do outro lado da empresa, o lado dos proprietários ou acionistas, e segue em linhas gerais os seguintes comentários: a preocupação com o resultado

---

5. MAYNARD, H.B., *Handbook of Business Administration*, McGraw-Hill Book Company, edição de 1967, pp. 1-5.

final da empresa traduz-se, para o proprietário, em termos de geração de lucros pela organização. Segundo eles, Mayo e seus colaboradores não conseguiram resolver os problemas básicos da empresa quanto ao seu desempenho global; a este respeito dizem que "suas conclusões são verdadeiras mas irrelevantes". "Tudo isto é muito interessante, mas vocês, psicólogos e teóricos, parecem esquecer que eu tenho que fabricar e ter lucros, e que o bem-estar tem um lugar importante mas é só um aspecto secundário da indústria e não a sua principal função"[6]. Evidentemente, quando a questão é olhada restritamente do ângulo do proprietário, este ponto de vista tem sua lógica.

A crítica à obra de Mayo feita pelos sociólogos, contudo, parece ser a mais profunda. Neste sentido, dois professores norte-americanos de Sociologia, Miller e Form[7], na década de 1959, traduzem tal pensamento. Dizem eles que, das experiências de Mayo, resultaram generalizações sobre ser o mundo social do adulto montado sobre suas atividades do trabalho, sendo as suas condições físicas menos importantes que reconhecimento, segurança e sentido de pertencer. Este ponto de vista, contudo, dizem os autores citados, é baseado essencialmente na visão da psicologia do indivíduo na indústria. Para um sociólogo crítico, sua falha, por basear-se apenas na psicologia do indivíduo, ao analisar o comportamento de grupos, tem, em essência, algo de ingênuo. Mayo, principalmente, dizem Miller e Form, sofreu uma "indução de sua própria situação pessoal"[8], fenômeno que Calverton

6. Ver obra citada na nota 2, p. 102.

7. MILLER, Delbert C e FORM, William H., *Industrial Sociology*, Harper and Brothers, 1951.

8. É o que Miller e Form chamam de "his own personnal situation bias". Obra citada na nota 7.

denominou de "sua compulsão cultural"[9]. Assim é que Mayo não conseguiu visualizar a estrutura institucional maior do sistema econômico em que as relações entre a empresa e os empregados se desenvolvem e qual o seu sentido, dizem os Professores Miller e Form.

Toda a pesquisa de Mayo fora montada com permissão da gestão da empresa e os pesquisadores não podiam desagradar a comunidade de negócios; seu objetivo era o de ajudar o *management* a resolver seus problemas. Citam os autores aqui comentados o ponto de vista de outro sociólogo, Bell[10], que opina que "Mayo e seus colaboradores adotaram sem crítica a idéia dos industrialistas de Harvard, cuja concepção é a de ver os trabalhadores com meios para serem manipulados ou ajustados com vistas aos fins impessoais da organização". Diz, ainda, textualmente, Bell: "The social science of the factory researchers is not a science of man but a cowsociology".

Sem dúvida, é a crítica mais severa dos sociólogos ao enfoque de Mayo e, se caminharmos por ela, estaremos nos aprofundando, cada vez mais, em questões complexas ligadas aos fins e meios da vida social. Segundo Bell, o homem deveria ser principalmente olhado como um fim em si mesmo[11] e tal preocupação deveria crescer tão exponencialmente quanto o próprio desenvolvimento tecnológico do nosso século. O esforço somado de muitos indivíduos, se for exclusivamente dirigido para o bem-estar de alguns, apenas, não representará benefícios para a sociedade como um todo. Então,

9. Citado em Miller e Form.

10. BELL, Daniel. Exploring Factory Life. *Commentary*, jan. 1947.

11. Ver referência citada na nota 10. Ver também nota 2, edição mexicana, na p. 111.

a concepção de que se pode isolar o bem-estar de um grupo de pessoas dentro das paredes de uma indústria — ou mais genericamente, de uma organização — equivale a imaginar que o ser humano possa depender, para sua vida, de um único ambiente. Cada vez mais em nossa sociedade contemporânea as coisas se entrelaçam e interagem: Elton Mayo focalizou um dos elos, mas estamos ligados a muitos e a solução isolada de apenas um jamais será a solução de todos.

I.3. *Desenvolvimento Posteriores a Mayo: Douglas McGregor e as Teorias "X" e "Y"*

A corrente de estudiosos sobre Organizações, que partem de uma posição crítica da visão estruturalista e clássica de Taylor, Fayol e seus seguidores, aumentou crescentemente, a partir de Elton Mayo.

A visão clássica vê os membros da organização (os indivíduos) como "instrumentos inertes"[12], aos quais a empresa atribui tarefas. Para que sejam executadas, a empresa lhes paga, não esperando deles outro comportamento que não o de cumprir ações.

A visão que deriva da Escola de Relações Humanas, iniciada por Elton Mayo na segunda década século, foi caracterizada e confrontada com o enfoque clássico por Douglas McGregor[13], o qual, por volta de 1960, batizou-a de Teoria "Y", contrapondo-a à Teoria "X", a visão tradicional[14].

---

12. Cf. J.G. MARCH e H.A. SIMON, *Organizations*, John Wiley & Sons, Inc. 1958. Trad. para o português: *Teoria das Organizações*, Fundação Getúlio Vargas, 2. ed., 1970, p. 54.

13. DOUGLAS MCGREGOR, *The Human Side of the Enterprise*, Mc Graw-Hill, 1960, pp. 33-57.

A Teoria "X", para McGregor, assume que o ser humano, pela sua própria natureza, não aprecia o trabalho e tenta evitá-lo sempre que possa fazê-lo; em virtude disto, as pessoas precisam ser coagidas, controladas, dirigidas, punidas para que delas se obtenham as ações e, finalmente, os objetivos visados. Além do mais, segundo a Teoria "X", é próprio da natureza dos seres humanos preferir serem dirigidos, evitar responsabilidades, ter pouca ambição, desejar acima de tudo segurança. McGregor refere-se a esta última premissa como a da "mediocridade das massas", reconhecendo que tal mecanismo tem suas raízes sociais e mesmo políticas, sendo até muito comum encontrar executivos, quer de empresas públicas, quer de organizações privadas, que adotam, para seus estilos de liderança, a Teoria "X". O leitor deve observar que McGregor fez suas observações no cenário empresarial (em específico, nas empresas industriais) reinante nos Estados Unidos do pós-guerra, por volta de 1960; isto é, suas observações são relativamente recentes e para seu próprio País, possivelmente o mais avançado, quer econômica, quer industrialmente, quer no nível médio de qualidade de seus executivos.

Para explicar as inadequações da Teoria "X", McGregor diz existirem algumas poucas idéias básicas sobre motivação de seres humanos, as quais, "nos últimos anos (McGregor quer se referir aos anos da década de 1950) têm sido pesquisadas e testadas por muitos cientistas sociais". São elas as seguintes:

1) O homem está constantemente em busca da satisfação das necessidades; uma satisfeita, sai em busca de outra. Este processo é contínuo.

14. Consultar também KOLB, RUBIN e MCINTYRE, *Organizational Psychology: An Experimental Approach*, Prentice Hall, 1971, p. 245.

2) Estas necessidades possuem uma hierarquia[15] de importância, começando das mais diretas e elementares até as mais sofisticadas: as de natureza psicológica, as mais intricadas, são as suas necessidades de amor, *status*, reconhecimento, as quais só aparecem com proeminência "após o estômago estar cheio".

3) Uma vez satisfeitas as necessidades de ordem inferior, tudo se processa como se elas não mais existissem, passando a exercer pressão as outras necessidades mais subjetivas. Para expressar este raciocínio, diz McGregor, textualmente: "O homem vive por pão apenas quando não há pão; a menos que as circunstâncias sejam não-usuais, sua necessidade de afeto, *status*, reconhecimento, não atua quando o estômago está vazio; porém, quando ele come regular e adequadamente, a fome cessa de ser uma necessidade importante; o homem saciado tem fome apenas no sentido em que uma garrafa cheia tem espaço passível de ser preenchido"[16].

Portanto, conclui McGregor, uma necessidade satisfeita não é fator motivante do comportamento. Este fato não é levado em conta pela Teoria "X", pois o administrador que por ela procede deixa de considerar as demais necessidades de natureza psicológica dos indivíduos. Quando alguém sente-se ameaçado, gera uma demanda de segurança. Se esta

---

15. Quem nos fala de "hierarquias de necessidades" é Maslow, que as coloca na seguinte ordem prioritária de atendimento: fisiológicas, de segurança, sociais, de estima e de auto-realização. Ver, para maior referência, ABRAHAM MASLOW, *Motivation and Personality*, N. York: Harper. Em português, consultar HERSEY e BLANCHARD, *Psicologia para Administradores de Empresas*, trad. da Editora da Universidade de São Paulo, EDUSP, 1974, pp. 28 e ss. O tema é tratado no item II.1, a seguir.

16. Ver obra citada na nota 13.

for cumprida, poderá aparecer uma necessidade de estima, e assim por diante.

McGregor, a partir destas idéias, às quais se refere como básicas em termos de motivação de seres humanos, procura explicar por que, nas empresas industriais, pode-se encontrar pessoas indolentes entre os empregados. Ele entende que comportamentos de indolência, de passividade, de resistência às mudanças, de desejo de não aceitar responsabilidades, são comportamentos causados pela perda de oportunidade das pessoas em satisfazerem, no trabalho, as necessidades que, para elas, são importantes.

A respeito deste tema, diz Chris Argyris[17] que a energia psicológica dos indivíduos está precisamente nas necessidades. Tais necessidades, às quais Argyris se refere como "sistemas", quando se encontram em repouso, não representam energia senão potencial. Raramente, diz esse autor, todas as necessidades estão cm atividade ao mesmo tempo; são as ativas, em um determinado momento, que causam tensão e levam à ação.

Portanto, diz McGregor, a Teoria "X" tenta montar estratégias de gestão a partir da constatação da indolência, da não-aceitação da responsabilidade, ao invés de propor estratégias que não conduzam a tais comportamentos negativos para a empresa e para os próprios indivíduos. Sua proposição é, precisamente, mudar a estratégia adotada pela Teoria "X", a da Escola Clássica de Administração de Empresas. Ele propõe, para contrapor-se à Teoria "X", a sua Teoria "Y". No que, em resumo, se constituiria a Teoria "Y"?

---

17. CHRIS ARGYRIS, *Personalidade e Organização*, tradução da Editora Renes, Rio de Janeiro, do original *Personality and Organization*, Harper & Row, 1957. Ver também o desenvolvimento no item II.3.

Essencialmente, diz McGregor, a Teoria "Y" se fundamentaria numa integração entre o indivíduo e os objetivos organizacionais. Não basta, contudo, utilizar o que às vezes parece ser nova estratégia, mas "usualmente é apenas vinho velho em garrafa nova": descentralização, administração, por objetivos, liderança democrática: "nada muda se os procedimentos desenvolvidos para implantar tais métodos forem derivados das mesmas suposições inadequadas sobre a natureza humana". Ao nível de detalhe, a Teoria "Y", para McGregor, consistiria na aceitação dos seguintes pontos, pela empresa e por seus executivos[18]:

1) O gasto de esforço físico e mental no trabalho é tão natural às pessoas quanto divertir-se ou descansar.

2) Punições não são os únicos meios de fazer com que as pessoas cumpram os objetivos da empresa; autodireção e autocontrole poderão ser empregados pelas pessoas em benefício de tais objetivos.

3) O empenho das pessoas para com os objetivos das empresas é uma função das recompensas associadas com sua obtenção. Estas recompensas, dentre as quais as mais significativas podem ser a satisfação do ego, podem ser consequência do próprio esforço rumo aos objetivos organizacionais.

4) O ser humano, de um modo geral, desde que adequadamente conduzido, não apenas aceita como também procura responsabilidade. Evidentemente, não se pode generalizar afirmando que, inversamente, não existem pessoas que fogem à responsabilidade. Além disto, ao falarmos em responsabilidade teríamos que especificá-la, tanto em relação à sua

---

18. Obra citada na nota 13, Cap. 4, pp. 45-57.

natureza (responsabilidade no desempenho por lucros, por vidas humanas), como também em relação à sua quantidade relativa: existem fardos leves e fardos insuportáveis para uma certa pessoa, mas que para outra seriam aceitos perfeitamente.

5) A capacidade de imaginação, engenhosidade e criatividade normalmente é muito mais difundida entre as pessoas do que usualmente se considera: o que, muitas vezes, precisamente falta é pedir a sua contribuição, é estimular a presença de tal capacidade, a ponto de que as pessoas se sintam seguras em exercê-la.

6) Na vida industrial, normalmente, as potencialidades dos seres humanos são apenas parcialmente utilizadas.

Reconhecidos e aceitos estes pontos, que para McGregor são essenciais, estaria a empresa em condições de aplicar a Teoria "Y": para isto deveria procurar desenvolver condições tais que os participantes da empresa pudessem atingir seus próprios objetivos através de seus esforços, para tornar os objetivos da companhia viabilizados e concretizados. A esta idéia ele chama de *"princípio de integração"*: o reconhecimento e a coexistência de dois conjuntos de necessidades, as da empresa e as do indivíduo.

É o próprio McGregor quem reconhece as dificuldades de aplicação da Teoria "Y". Em uma empresa de produção em massa não parece ser uma tarefa simples aplicar o princípio da integração a milhares de funcionários, e deverá passar muito tempo até que estas dificuldades possam ser superadas. Porém, crê o autor, que será imediatamente possível aplicar a Teoria "Y" a executivos e profissionais, administradores e técnicos. A partir deste ponto, gradativamente, novas aplicações poderão inventivamente ser imaginadas e implantadas.

I.4. Sumário

Nossa intenção, neste capítulo, foi a de introduzir o leitor no tema do comportamento humano em administração de empresas, que, como dissemos no início, é um dos muitos enfoques das teorias das organizações.

Para tanto, apresentamos uma síntese da chamada "Escola de Relações Humanas" (I.1.), através do exame da contribuição de Elton Mayo e seus seguidores. Esta abordagem, nascida nos Estados Unidos, na década de 1920, sucedeu aos chamados autores clássicos Taylor (americano) e Fayol (francês), cujas obras foram publicadas entre o final do século passado e o início deste século e, na prática, representam a primeira abordagem do problema da administração de empresas.

No item I.2. apresentamos as principais críticas à abordagem de Elton Mayo, procurando enfocá-las segundo a ótica de analistas diferentes: a do engenheiro industrial, que se ressente de uma proposição mais concreta para a ação, de parte de Mayo; a crítica do empresário, que não veria relevância nas descobertas de Mayo; e, finalmente, a posição dos sociólogos, que se queixam da falta de abrangência da visão de Mayo e de ter sido este induzido pela própria condição de funcionário à serviço da empresa.

De qualquer modo, o que deve ficar claro ao leitor é que Mayo e sua obra representam o primeiro marco em teorias das organizações, após os clássicos, deslocando o centro de atenção dos estudiosos do assunto do enfoque clássico, para o campo do indivíduo e do seu comportamento nas Organizações.

No item I.3. quisemos apresentar um dos autores importantes que se seguiram a Elton Mayo e que são considerados como "behavioristas" ou, para usarmos a terminologia empregada neste livro, pertencentes à Escola Comportamental:

escolhemos McGregor, pois, embora entre seus trabalhos e os de Mayo se interponham mais de três décadas (1920 a 1960) é precisamente a exposição de McGregor sobre suas Teorias "X" e "Y" que melhor permite entender a transição entre a escola clássica e a comportamental. Vimos então as inadequações da Teoria "X", que considera, impropriamente, o ser humano como inerte, fugindo de responsabilidades, mecânico em seu agir; contrapondo-se a ela, a Teoria "Y", que procura integrar o indivíduo e a organização, através de autodireção e autocontrole, estímulo à criatividade e uso de todo potencial individual. Contudo, é o próprio McGregor que reconhece as dificuldades práticas para aplicar a Teoria "Y".

Terminado o Cap. I, que consideramos introdutório ao tema central deste livro, o Cap. II, que se segue, pretende estudar o binômio *Indivíduo-Organização*, através do exame dos principais autores que escreveram sobre o tema. Este binômio é a parte focal da escola comportamental em Teoria das Organizações.

II. O ENFOQUE COMPORTAMENTAL: O INDIVÍDUO, SUAS MOTIVAÇÕES E A ORGANIZAÇÃO

II.1. *Maslow e a Pirâmide das Necessidades Humanas*

Nas décadas de 50 e 60, a obra de Elton Mayo e sua resultante, a Escola de Relações Humanas, produziram uma série de desdobramentos, conforme já comentado anteriormente. Diversos grupos de estudiosos norte-americanos passaram, então, a dedicar-se ao exame do indivíduo e de suas motivações. Destes autores, destacou-se, em 1954, Maslow com sua obra *Motivation and Personality*[1] ao qual o item I.3. já fez uma breve menção.

Seu enfoque é, basicamente, o seguinte: para Maslow, o indivíduo é um ente organizado e integrado[2], que possui necessidades; porém, estas necessidades são componentes do todo, e não apenas de suas partes. A conceituação de Maslow significa entender a satisfação da fome não como um aten-

---

1. A.H. MASLOW, *Motivation and Personality*, N. York, Harper, 1954. A segunda edição, revisada, foi publicada em 1970.

2. Obra citada acima, segunda edição, p. 19.

dimento do estômago, mas sim como satisfação do indivíduo; a sensação de "estômago vazio" é um alerta para o estado do organismo, que poderia perecer caso não fosse nutrido. Suas funções físicas e mentais — e não apenas sua função gastrintestinal — mudariam caso ele não se alimentasse.

Nossos desejos e necessidades, para Maslow, encadeiam-se numa sucessão de meios e fins, de tal forma que o atendimento de um desejo ou necessidade sempre acaba mostrando que outros itens, igualmente importantes para o indivíduo, ainda terão que ser atingidos.

Raciocínio semelhante — não a respeito de indivíduo e de suas necessidades, mas sim a respeito do comportamento administrativo, desenvolveu Simon[3], em 1945, mostrando que, nas organizações, os fins são, na maioria das vezes, instrumentos para conseguir objetivos mais distantes, de modo a criar uma série ou hierarquia de meios e fins. Entre esta idéia e a de Maslow pode-se traçar um paralelo, pois este último diz ser o indivíduo um *ente organizado*, isto é, possuidor de um mecanismo estruturado e definido de relações do tipo causa-efeito. Este conceito de ente integrado, por sua vez, liga-se à idéia de enfocar a organização — por analogia aos indivíduos — a sistemas organizados, abordagem esta que, conforme veremos posteriormente, se constitui em outra corrente ou escola em Administração de Empresas (a Escola da Visão Sistêmica das Organizações).

Voltando às necessidades do indivíduo, Maslow relaciona-as com a cultura particular à qual pertence o ser humano. Contudo há, diz ele, diferenças muito grandes entre os desejos últimos e fundamentais de diferentes pessoas, da

---

3. HERBERT SIMON, *Administrative Behavior*, N. York: McMillan, 1945; tradução da Fundação Getúlio Vargas, 1965, *Comportamento Administrativo*, Cap. IV.

mesma maneira como existem diferenças entre os desejos conscientes do dia-a-dia. Assim é que duas culturas diferentes podem produzir diferentes necessidades decorrentes do mesmo desejo básico de auto-estima: "em uma sociedade, uma pessoa obterá auto-estima sendo um bom caçador; em outra sociedade, sendo um grande médico ou um audacioso guerreiro ou uma pessoa sem emoções, e assim por diante", diz textualmente Maslow[4].

As motivações, para o estudioso norte-americano, são interligadas, pois uma vez satisfeito um desejo, seu lugar é tomado por outro. Os seres humanos raramente atingem satisfações completas, salvo por períodos pequenos. E nesta interligação existe uma seqüência de prioridades, já que ninguém pensará, ou se dedicará, a satisfazer suas necessidades de cultura se seu estômago estiver doendo de fome.

Ao estudar mais a fundo a questão da motivação, Maslow discute o conceito de instinto, definido como sendo aquele mecanismo através do qual o comportamento do indivíduo é dirigido em direção dos objetivos, guiado essencialmente pela hereditariedade. Nos animais os comportamentos ligados à fome, ao sexo, são instintivos, assim como o comportamento maternal. Porém à medida que progredimos na escala evolutiva, segundo as teorias antropológicas, a ação instintiva cede lugar aos reflexos e impulsos hereditários, afetando ainda nossa motivação, mas já sujeita à escolha entre objetivos alternativos: esta escolha é, em certa escala, racional e, portanto, influenciável pelo processo de aprendizagem e pelo meio cultural em que vivemos.

Noutra parte de seu livro Maslow. fala de "motivações múltiplas", explicando que, da psicopatologia, se aprende

4. Obra citada em 1.

que um determinado comportamento pode servir como "canal" a outros motivos. Exemplificando, diz que o desejo sexual em um indivíduo pode, em verdade, ser decorrente de um desejo de garantir a si próprio sua masculinidade. Então, nossas ações quase sempre são resultantes de um mecanismo complexo de motivos. Estes se interligam e, de acordo com alguns autores, tal malha é contínua no tempo, porém variável em suas características, de instante para instante.

A seguir, Maslow realça o fato de que nem todo comportamento humano é motivado, pelo menos não no sentido de busca de gratificações. Existem tendências ou sintomas neuróticos, diz ele, que não buscam gratificação, mas sim proteção ou defesa; neste sentido, tais ações não têm metas propriamente ditas, a não ser prevenção contra possíveis injunções.

Feitas estas observações gerais, Maslow procura montar a sua "teoria da motivação humana"[5], que ele classifica como "holístico-dinâmica" por ser uma fusão, de um lado, da postura holística[6] de Wertheimer e da psicologia da *Gestalt*, e, de outro lado, do dinamismo de Freud, Jung e Adler. Para Maslow, as necessidades fisiológicas, ou seja, as necessidades básicas, para a sua teoria de motivação, são os chamados impulsos fisiológicos. Contudo, a este conceito clássico deve-se acrescentar dois outros:

---

5. Obra citada na nota 1, Cap. IV.

6. Holismo, em Biologia, segundo o *Dictionary of Scientific and Technical Terms*, McGraw-Hill, é "a visão de que o todo de um sistema complexo, tal como uma célula ou organismo, é funcionalmente maior do que a soma de suas partes". Em Filosofia, segundo o *Novo Dicionário Aurélio*, holismo é a tendência, que se supõe seja própria do universo, a sintetizar unidades em totalidades organizadas.

(a) a idéia de homeostase, que em medicina significa "o estado de equilíbrio do organismo vivo em relação às suas várias funções e à composição química de seus fluidos e tecidos"[7]; por este fenômeno, o organismo tem auto-reações que procuram ajustar uma série de características fisiológicas aos seus padrões aceitáveis;

(b) a idéia de "apetite", isto é, a mecânica através da qual o indivíduo tende a encaminhar suas escolhas de modo a suprir suas deficiências.

Em relação, então, às necessidades fisiológicas, Maslow reconhece serem todas elas homeostáticas (isto é, são ajustes buscando a normalidade aceitável). Ele arrola, entre elas, o desejo sexual, as necessidades de dormir, de exercitar-se, de alimentar-se. É preciso assinalar, contudo, que tais necessidades podem servir de canais para todas as demais: alguém pode estar comendo com muita freqüência para acalmar seu estado nervoso, e assim por diante.

Quando estas necessidades básicas não estão satisfeitas, boa parte da capacidade do indivíduo pode ser acionada para satisfazê-las: sua inteligência, a memória, hábitos, seus mecanismos receptores, os efeitos que podem ser criados, enfim, tudo, segundo Maslow, pode ser utilizado para que tais necessidades básicas sejam atendidas: a fome e a sede, por exemplo, tornam-se temíveis motivadores de ação, embora só atuem de tal forma para quem as esteja sentindo com intensidade.

Após estarem as necessidades fisiológicas relativamente satisfeitas, outras necessidades começam a se tornar importantes, formando entre si uma verdadeira hierarquia[8].

---

7. Segundo o *Novo Dicionário da Língua Portuguesa*, de Aurélio Buarque de Holanda Ferreira.

8. Obra citada na nota 1, deste capítulo.

Para Maslow, quando as necessidades fisiológicas são periodicamente satisfeitas, surgem em seguida as necessidades de segurança: significam elas ter estabilidade, proteção, estar livre das pressões geradas pelo medo, pela ansiedade, pelo caos. Poderão ainda tais necessidades de segurança, dependendo da particularidade da situação, significar um desejo ou uma carência de ordem, de leis, de limites.

Estas necessidades podem ser, segundo o autor, muito importantes e condicionarem totalmente o comportamento, de modo a levar o indivíduo a agir exclusivamente em função das mesmas, buscando atingi-las. Realça ele o fato de que a necessidade de segurança e os mecanismos criados para sua obtenção são de fácil observação no comportamento das crianças, pois a sua exteriorização permite melhor identificação; o adulto, com freqüência, mascara sua busca de segurança através de diferentes maneiras. As crianças, pelo contrário, não se inibem ao exibir a razão de suas ações; assim, não relutam em chorar ao escutar o barulho do trovão; mais tarde, pela educação adquirirão conhecimentos para saber que aquele estrondo não lhes fará mal e deixarão de ter medo. Poderão ainda, ao crescer, ficar com vergonha de expressar seu medo e ocultá-lo, disimulando suas relações exteriores.

Ainda desenvolvendo o exame do comportamento das crianças quanto à busca de segurança, o Prof. Maslow realça o fato de que, para elas, certos eventos geram uma brusca mudança de atitudes: num instante de dor aguda, causada, por exemplo, por uma cólica de estômago, a criança pode desenvolver um forte sentimento de medo, de insegurança, ficando assustada e deixando de alimentar-se convenientemente por vários dias; esta reação poderá, então, gerar uma demanda (adicional) de proteção que antes não existia. As crianças também se sentem inseguras quando o mundo, à sua volta, está desestruturado: existem evidências de que se sentem mais seguras quando o seu meio-ambiente está organizado, provendo cobertura regular para as suas necessidades. Maslow aponta algo que nos parece muito evidente: o apoio central, em termos de segurança, para as crianças, é a família — separação, divórcio, morte dos pais são elementos geradores de muita insegurança, incerteza e medo.

A insegurança (isto é, o sentimento gerado pela falta de segurança) causa reações nos indivíduos, mobilizando-os tanto mais vagarosamente quanto maior for a perturbação que os afetou. A reação dá-se na direção da recuperação da segurança perdida e, em certas circunstâncias, pode criar instabilidade e insegurança em outras áreas.

No indivíduo adulto a insegurança da criança poderá também ocorrer: o neurótico, diz Maslow, "pode ser descrito muito adequadamente como sendo uma pessoa crescida que manteve suas atitudes de criança em relação ao mundo"[9]. Ele poderá, no fundo, agir como se fosse uma criança de quem se retirou a comida ou a quem se ameaçou bater. Diz ainda o autor que uma forma de neurose na qual a busca pela segurança é muito evidente é a neurose compulsivo-obsessiva. Por esta, a pessoa tenta ordenar e estabilizar o mundo de modo a querer fazer com que tudo aquilo que não é ordenado, não é estável, não apareça, não ocorra. "Cerca-se, então, de todas as cerimônias e regras formuladas"[10].

A esta altura, seria conveniente que fizéssemos uma ressalva ao leitor menos familiarizado com a literatura de administração de empresas; as idéias relativas à busca de

9. Obra citada na nota 1 deste capítulo.
10. *Idem.*

segurança, que Maslow trata tão bem em relação ao indivíduo, aplicam-se, por um paralelismo muito conveniente, às organizações, ao menos por duas razões: a primeira é a de que as organizações são criadas, geridas e mantidas por indivíduos, os quais estão submetidos potencialmente a toda a escala de necessidades de que trata Maslow; a segunda razão é que, tanto quanto para o indivíduo, a satisfação das necessidades da organização é elemento vital para a sua sobrevivência, a qual, a longo prazo, se constitui possivelmente em seu propósito de maior hierarquia.

Para Maslow, a próxima necessidade do indivíduo, após as fisiológicas e as de segurança, é expressa pelo desejo de pertencer e de ser amado, o qual pode ser entendido como a vontade de possuir amigos, de ter quem nos queira bem, a necessidade de possuir um lugar num grupo de pessoas, de ser apreciado e de ter quem nos apóie e prestigie. Realça ele o fato de que as pessoas que são obrigadas a freqüentemente se deslocarem, por exemplo em função de seus empregos, sentem com maior intensidade esta necessidade de pertencer e de ser amado.

À propósito das diferentes maneiras que um indivíduo pode ter ao se relacionar com o meio-ambiente, o sociólogo israelense Etzioni[11], estabelecendo um *continuum*[12] dos tipos de participação, classifica a *participação transitória*, acima exemplificada, em sua tipologia, como sendo do tipo *aliena-*

11. AMITAI ETZIONI, *Análise Comparativa de Organizações Complexas*, tradução de 1972 para o português por J.A.P. Cavalcanti, Rio de Janeiro, Zahar Editores, pp. 38 e ss; original americano *A Comparative Analysis of Complex Organizations*, 1966.

12. O termo *continuum* é muito usado na literatura moderna dedicada ao estudo das organizações, no sentido de se referir a uma variável contínua, da qual por simplificação se estuda apenas alguns intervalos discretos, como por exemplo os extremos e o centro.

tivo: nela as relações entre indivíduos, ou entre o indivíduo e as organizações não criam maiores vínculos, não ocorrendo engajamento; a relação participativa do tipo alienativo, ocorre entre estranhos, onde pode surgir um sentimento de não-confiança e até mesmo de hostilidade. No outro lado do *continuum*, para Etzioni existe a participação moral, referido o termo "moral" como designativo da orientação do indivíduo em face à organização a que pertence. Para este sociólogo, a *participação moral* indica uma orientação positiva de elevada intensidade: os paroquianos em relação à igreja, ou os seguidores em relação ao líder, constituem exemplos deste tipo de participação. No centro do *continuum*, o autor coloca o que ele chama de *participação calculista*, na qual as orientações, quer positivas, quer negativas, são de baixa intensidade. Como exemplos, diz Etzioni, temos as relações entre empresários no capitalismo moderno e as relações comerciais de certa constância.

A carência que os indivíduos possuem desta vida em grupo — de pertencer a um time, de ter sua própria equipe — diz Maslow, é normalmente subavaliada pelos estudiosos e tem-se agravado pela quebra de grupos tradicionais, pela mobilidade da nova sociedade industrial, pela dispersão da família em nossos dias, pelo intervalo existente entre as gerações, pelo crescimento da velocidade de transformação das coisas no século XX, pelas chamadas mudanças tecnológicas. Para esse autor, qualquer boa sociedade precisa satisfazer esta necessidade de pertencer "para sobreviver e ser saudável"[13]. Do contrário, ocorrerão desajustes e situações socialmente patológicas.

Após as necessidades de natureza fisiológica, as relativas à segurança e à necessidade de pertencer, para Maslow

13. Obra citada na nota 1 deste capítulo.

vem, em termos de quarta prioridade, a necessidade de estima. Esta é expressa pelo desejo, quer de estima por terceiros, quer pela auto-estima. Nesta categoria classificam-se nossos desejos por reputação ou prestígio, *status* e reconhecimento, isto é, saber que somos úteis neste mundo.

A satisfação destes sentimentos poderá tornar-nos fortes, confiantes, capazes. Pelo contrário, a não-satisfação deles poderá deixar-nos deprimidos, complexados, pode nos levar a acharmo-nos desprezíveis e minúsculos, a crer que a nossa contribuição não tem o menor valor ou importância.

A propósito da ausência deste sentimento de auto-estima, diz Barnard, em sua obra clássica[14]:

> Observamos que as pessoas que não têm senso de si próprias, que têm falta de auto-respeito, que acreditam que o que fazem ou pensam não é importante, que não têm nenhuma iniciativa, constituem-se em problemas, em casos patológicos, não pertencem a este mundo, são inadequadas para cooperação.

A última das necessidades, na escala de Maslow, é a necessidade de auto-realização. Um músico dedicado que não esteja tocando, um artista que não esteja praticando sua arte, um entusiasta jogador de futebol que não jogue, constituem exemplos de pessoas que não estão satisfazendo esta necessidade de auto-realização. Evidentemente, ela só passa a ser preponderante após as demais necessidades estarem razoavelmente satisfeitas.

Comentando o conjunto das cinco necessidades básicas (fisiológicas, de segurança, de pertencer, de estima e de auto-realização), Maslow frisa que, em verdade, não há uma seqüência rígida entre elas. Além disso, de indivíduo para indivíduo,

---

14. CHESTER BARNARD, *The Functions of the Executive*, 1938, Harvard Press, p. 13. Há tradução para o português.

a prioridade ou a própria ordenação podem variar; é possível que para alguém o sentimento de auto-estima seja muito mais importante do que o sentimento de pertencer.

Outra ressalva que Maslow faz é de que tais necessidades não devem ser entendidas, quanto às suas ocorrências, como se fossem depósitos interligados, nos quais um só começa a receber atenção após o outro estar totalmente satisfeito. Em verdade, diz ele, podemos estar parcialmente satisfeitos quanto a todas estas e, simultaneamente, parcialmente insatisfeitos. Além disto, estas necessidades podem assumir — e de fato assumem — aspectos conscientes e aspectos inconscientes, sendo mesmo muito freqüente esta segunda forma para a maioria das pessoas.

Conforme já frisamos, existe ainda a influência da especificidade da particular cultura, ou meio-ambiente no qual vivemos, de modo que, de um meio para outro, os pesos relativos das diferentes necessidades poderão mudar.

Termina Maslow ressalvando que o comportamento dos indivíduos não é exclusivamente propelido pelas suas necessidades básicas, ocorrendo outros elementos de motivação, assim como o comportamento quase sempre é movido através de mais de um canal, quer de motivos quer de não-motivos.

II.2. *Herzberg e os Fatores de "Higiene" em Motivação*

Ainda na década de 1950, nos Estados Unidos, mais um estudioso do enfoque comportamental das organizações se destacou, ao lado de McGregor, Maslow e outros: Frederick Herzberg, professor de Psicologia da Western Reserv University. Em seu livro, publicado em 1959[15], Herzberg estuda a motivação sob outros ângulos, confrontando-a com o que batiza de *higiene*, em analogia aos cuidados que devem ser tomados em relação à saúde.

Em Medicina os fatores de higiene não curam doenças mas sim as previnem. Ao filtrarmos a água para beber, ao tomarmos cuidados de assepsia, ao depurarmos o ar de uma sala, não estamos eliminando as doenças que já ocorreram, e sim diminuindo a chance de novas ocorrências. No trabalho, a melhoria de certas condições (que Herzberg chama de fatores de higiene), não garante e não leva necessariamente a maiores níveis de satisfação de quem trabalha em tal ambiente. Assim é que, se melhorarmos as condições de supervisão, a qualidade das relações interdepartamentais, as políticas da companhia, as práticas administrativas e, em certa dimensão, as condições físicas e o salário, com tais melhorias a empresa não garantirá, necessariamente, níveis mais elevados de satisfação.

Porém, pelo contrário, quando tais fatores de higiene, em lugar de se tornarem melhores, pioram, caindo a níveis que os empregados já não aceitam sem contestação, então a insatisfação começa a se manifestar. Em outras palavras, a melhoria dos fatores de higiene não aumenta a satisfação, não motiva, mas a sua piora traz a insatisfação.

Para Herzberg os fatores que geram motivação nos indivíduos que trabalham em empresas são outros, distintos de seus fatores de higiene: pelo contrário, diz, não é a motivação criada pelo meio que o rodeia que propele o homem em direção ao trabalho; é, precisamente, atingir eficientemente uma meta ou parte final de um trabalho que leva a motivação para novos desafios: são os fatores do próprio

15. FREDERICK HERZBERG, *et al.*, *Motivation to work*, N. York, John Wiley & Sons, Inc., 1959 (2.ª ed.), Cap. 12, pp. 113 e ss.

trabalho que funcionam como motivadores e não as condições externas a ele. Embora ambas categorias de fatores preencham suas respectivas necessidades, apenas uma delas tem a propriedade de gerar motivação. A manutenção e melhoria dos fatores de higiene podem apenas prevenir a ocorrência de insatisfação e baixo desempenho no trabalho, sem contudo garantir a ocorrência daquele algo mais que o empregado dá quando está efetiva e positivamente motivado.

O movimento de relações industriais, que se intensificou nos Estados Unidos nos anos 50, como desdobramento da corrente de relações humanas, objetivava, através da obtenção de atitudes mais positivas no trabalho entre subordinados e superiores, aumentar o desempenho das empresas. Estes programas melhoraram essencialmente as "condições de higiene", elevando a eficiência apenas nos casos de tarefas repetitivas, onde a potencialidade de ação dos fatores positivos era pequena. Já para motivar um engenheiro de modo a levá-lo a concepções técnicas melhores, os fatores de higiene teriam pouco alcance.

Dentre os fatores de higiene, Herzberg discute o caso do salário e o que ele representa. Como um fator de higiene, o mecanismo do salário atua de duas maneiras distintas, ao ser pressionado (relativamente) para níveis maiores: em primeiro lugar, o empregado desenvolve certas expectativas de atingir determinados padrões econômicos, e, se o salário não é suficiente, frustra-se por não atingi-los; em segundo lugar, o empregado, desenvolvendo comparações com pessoas do seu relacionamento e meio-ambiente, pode chegar à conclusão de que o que ganha representa um pagamento injusto em relação a tal referencial. Nestes dois sentidos, o salário é bem um fator de higiene, pois contribui para gerar insatisfação quando as condições são vistas de modo desfavorável.

Em outro capítulo de seu livro[16], Herzberg diz que a literatura realçava a interpretação de que os fatores que influenciam as atitudes no trabalho, ao serem aumentados ou diminuídos, criavam respectivamente, aumentos ou diminuições na satisfação, num único *continuum*. Não é isto que ocorre, contudo. Satisfação e insatisfação não são dimensões opostas de uma só escala, mas sim dimensões de duas escalas diferentes. Assim, existiriam os fatores positivos atuando apenas numa direção, na escala da satisfação, e os fatores negativos atuando na outra escala, a da insatisfação. A inexistência de fatores positivos não levaria à insatisfação, assim como a inexistência de fatores negativos não geraria a satisfação.

Os fatores de higiene, anteriormente caracterizados, são atuantes principalmente na escala de insatisfação, enquanto que os fatores do próprio trabalho operam como fatores positivos, atuando na escala da satisfação.

Quais são as conclusões finais de Frederick Herzberg? Ele crê que o significado do trabalho sofreu uma mudança radical na história da civilização. Na sociedade primitiva, 70% a 80% do trabalho das pessoas era gasto na busca de alimentos, com vistas a garantir a sobrevivência. Ademais, a sociedade primitiva era rígida e não deixava muitas oportunidades para o indivíduo ser ele próprio. Com o advento da máquina, começou a crescer a importância da divisão do trabalho e cada vez mais uma crescente parcela da população passou a estar ligada às atividades de que dependia, mas com as quais não satisfazia completamente suas aspirações. Apenas uma pequena parte, a dos artesãos, podia exercer suas melhores habilidades e delas extrair grande satisfação pessoal. A ocorrência da máquina tirou, crescentemente,

16. *Idem*, Cap. 11, pp. 107 e ss.

a possibilidade de exercer destreza aos operários, tornando suas atividades repetitivas.

Surge, paralelamente, uma nova classe, a dos profissionais e gerentes, envolvidos em tarefas especializadas e de supervisão; esta nova classe, em relação aos trabalhadores, passa a ser privilegiada, restando para aqueles o tratamento rotulado como de higiene.

Nos dias atuais, nos países altamente industrializados onde o fenômeno da pobreza é bastante mais raro, toma corpo o conflito que Durkheim[17] designa por "anomia": a condição das pessoas que, possuindo ideais e sentido ético, são obrigadas a compromissá-los no decorrer de suas atividades, ocorrendo uma alienação entre seus valores e as realidades nas quais eles se inserem. Esta anomia fica agravada pelo estado e condições da vida nas cidades; o tamanho e a complexidade das cidades de nossos dias abafa e dificulta a relação entre as pessoas e este efeito se superpõe ao primeiro.

Ainda como fator agravante da alienação aparece a burocracia, entendida como o mecanismo organizacional das grandes empresas, com suas estruturas, regras e procedimentos, estereotipando e despersonalizando a ação individual.

A resposta das organizações tem sido bem o sentido de resposta adaptativa: o movimento de relações humanas, o estudo das teorias de motivação, como o próprio Herzberg diz, têm o significado de: "nós o trataremos bem esperando que você trabalhe sinceramente para nós"[18].

A continuidade destas idéias tem, inclusive, levado os estudiosos a tratar da questão da participação, levantando

17. EMILE DURKHEIM, *On the Social Division of Labor in Society*, N. York: McMillan, 1933, citado na obra de Herzberg indicada na nota 15.

18. Obra citada na nota 15.

com ela uma grande controvérsia: o movimento rumo a uma democracia industrial, diz Herzberg, "tem para uns a força de uma nova religião, e para outros a de uma charlatanice".

Quais são as sugestões de Herzberg para o quadro que traçou? Preconiza ele, em essência, uma aproximação positiva e não negativa em relação às questões de moral. Não que as medidas de higiene não sejam necessárias, elas o são; porém, não podem ser um fim em si próprias, desviando a ação dos elementos realmente motivadores. A ação teria que se dirigir para aqueles objetivos e coisas que estão diretamente ligados ao trabalho: a maneira como eles se estruturam, medidas que os tornem mais interessantes, adequada seleção em função do indivíduo e das tarefas, o estilo de supervisão, a exploração de possibilidades de participação, programas de saúde mental seriam algumas possibilidades para pesquisas posteriores.

II.3. *Argyris e o Conflito entre o Indivíduo e a Organização*

Na linha da Escola Comportamental e dos estudos sobre organizações, a década de 50 marcou história nos Estados Unidos. Neste sentido, Chris Argyris se constitui em importante referência. O professor da Universidade de Yale procurou, em 1957[19], reunir e estruturar a pesquisa e os estudos até então existentes sobre o comportamento humano nas relações entre pessoas e organizações.

Em sua obra clássica, *Personality and Organization*, Argyris consegue fazer uma abordagem estruturada das rela-

---

19. CHRIS ARGYRIS, *Personality and Organization*, N. York: Harper & Row, 1957, trad. da Ed. Reues Ltda., *Personalidade e Organização*, Rio de Janeiro.

ções entre o indivíduo e os sistemas organizacionais, caracterizando o conflito que surge entre estas duas entidades. Para isto, parte do estudo da personalidade humana, passa ao exame da organização formal e então estuda suas inter-relações.

No *estudo do indivíduo*, Argyris diz que suas partes sustentam o todo, mas este é algo diferente da mera acumulação das partes, sendo assim uma "organização" das mesmas, em uma constante busca de equilíbrio com o meio-ambiente (o qual é mutável e dinâmico), com vistas a, nele, sobreviver.

O indivíduo, por sua vez, possui energia mental, isto é, a força, o ímpeto que o faz pensar, montar planos, analisar, agir. Esta energia, desenvolvida a nível psicológico é variável e mutável. Dependendo de seu estágio e de sua direção, diferentes comportamentos reais poderão ocorrer. Essa energia psicológica não se relaciona, necessariamente, com a energia física, podendo um indivíduo estar fisicamente depauperado e mentalmente ativo.

A origem desta força mental, segundo os pesquisadores, vem de uma cadeia complexa de necessidades ou motivos, entendidas aquelas como objetivos que condicionam comportamentos com vistas à satisfação. As necessidades podem ser conscientes e inconscientes, interiores e exteriores, sociais e fisiológicas. Para facear tais necessidades, a personalidade desenvolve aptidões que condicionam e modificam a conduta humana: aptidões de conhecimento, de atividade motora, emocionais.

A estrutura da personalidade (isto é, sua organização) garante, dada a sua unicidade, a característica do indivíduo, que o diferencia de todos os demais. O conflito, a ansiedade, a frustração, o malogro são situações que funcionam como ameaças à personalidade, implicando reações de defesa.

Os mecanismos de proteção criados pela personalidade podem exteriorizar-se através da agressão, da culpa, de mudança da escolha, da negação dos fatos que geraram o conflito, da repressão do problema (deixando de reconhecê-lo), da inibição (conscientemente não atuamos), da racionalização (desculpas inventadas para disfarçar), da identificação com outros, da projeção (a questão não é comigo, é com ele), da vacilação, da ambivalência, de lapsos verbais.

No estudo da personalidade, Argyris indica quais as mutações da personalidade em busca de auto-realização, que o quadro abaixo resume[20]:

A criança começa com:	*O adulto visa sua:*
1. Passividade	Atividade
2. Dependência dos demais	Independência relativa
3. Conduzir-se de poucas maneiras	Conduzir-se de diversas maneiras
4. Interesses caprichosos, ocasionais, superficiais	Interesses importantes, estruturados
5. Perspectiva de curto prazo	Ampla visão, com exame de longo prazo
6. Posição de subordinação	Posição igual ou superior à de seus semelhantes
7. Ausência de autoconhecimento	Conhecimento e controle de si próprio

Estudando a organização formal. Argyris crê em sua racionalidade, isto é, acredita que ela atua com base em planos e com sua ação norteada por padrões lógicos, com vistas a atingir um conjunto de objetivos, para os quais se estru-

---

20. Adaptado com base na obra citada em 19, da tradução para o português, p. 63.

turou. Embora Argyris cite Simon, é conveniente lembrar que, para este último autor, a racionalidade organizacional é sempre parcial e fragmentada[21]. Isto porque ela exige um conhecimento completo das implicações de todos os caminhos possíveis e esse conhecimento não só não é possuído como também implica em se avaliar coisas e situações futuras de modo completo, o que, em verdade, não é possível.

Em outras palavras, a organização formal, para agir de maneira totalmente racional, teria que conhecer a cada instante, onde houvesse mais de uma maneira de agir, todas as alternativas possíveis de ação, as quais, pelo menos teoricamente, são muito numerosas, digamos, infinitas. Ao abandonar, para tornar possível e prático o confronto entre os caminhos, um grande número de possibilidades, automaticamente a organização está sendo *apenas* e *restritamente* semi-racional, pois talvez, entre as muitas alternativas abandonadas, estivesse uma que fosse melhor do que as analisadas.

A busca da racionalidade pela organização, contudo, é contínua. E para tanto a empresa se estrutura, se processualiza, se prepara para uma série de possibilidades. E desta estruturação surge o que Argyris chama de "incongruência básica" entre a personalidade e a organização formal, ponto de vista este que impede (ou pelo menos dificulta) a chamada "integração" que McGregor propunha, ao preconizar o uso de sua "Teoria Y".

Esta incongruência básica aparece e se agrava à medida que a organização obriga o indivíduo a se submeter a seus procedimentos, rotinas, regras, tornando-o submisso, obri-

---

21. Vide a propósito, HERBERT SIMON, *Administrative Behavior*, 1945, N. York, McMillan; tradução para o português *Comportamento Administrativo*, Rio de Janeiro, Fundação Getúlio Vargas, 1965, Cap. V.

gando-o a ter curta perspectiva temporal, fazendo-o atuar sob fortes controles e, portanto, com pouca margem de liberdade de ação. Este conflito se agrava com a rigidez da estrutura, com a mecanização, e, do ponto de vista da pessoa, com o crescer do nível intelectual do indivíduo.

A reação do indivíduo à organização se faz numa linha adaptativa: ele precisa de seu trabalho para sobreviver, não pode mudar (ao menos com profundidade) a maneira de ser da organização, acaba restando-lhe só uma alternativa: adaptar--se. A mudança de empresa não lhe resolve o conflito, em essência, já que a nova empresa o conflito surgirá sob novas (ou não) roupagens. A subida na hierarquia lhe trará mais poder, ampliará as vantagens auferidas, dar-lhe-á maiores desafios, permitindo-lhes maior espaço de liberdade. É um caminho, e muitos indivíduos a ele se dedicam com todo afinco. Porém, nem todos têm lugar em cima, as posições cada vez são em menor número quando se sobe. E ainda há a contrapartida do crescimento da responsabilidade assumida, que assusta a muitos.

A não-solução do conflito básico conduz o indivíduo à frustração, gera mecanismos de defesa, cria uma contracultura. Esta, por sua vez, manifesta-se através do apoio recíproco dos indivíduos, que reconhecem a opressão do sistema formal às suas personalidades. Ao nível pessoal, poderão ainda desenvolver apatia, comportamentos de defesa contra a organização, criação de mecanismos de fuga, desinteresse e, mesmo, sabotagem. É a resposta da personalidade contra a organização.

Não ocorrendo a apatia, o desinteresse do subordinado, outro fenômeno poderá surgir: a competição e a rivalidade entre os próprios empregados que, por trás de mecanismos diversos, muitas vezes bem dissimulados, por vezes dedutíveis a partir das brincadeiras irônicas, disputam entre si posições em relação ao líder, com vistas a ascender na organização e no ganho de poder. Este líder pode ser o formal ou o informal, conforme Etzioni[22] caracteriza: o líder formal ocupa posições na organização e delas deriva o seu poder formal, ao passo que o líder informal exerce o poder emanado de sua pessoa, sem que seja oficial; ambos os poderes, o formal e o informal, podem concentrar-se numa mesma pessoa, a qual poderá exercer sua forma hierárquica sobre seus subordinados, influenciando as demais pessoas a partir do poder informal.

A administração, por sua vez, poderá ser afetada pela disputa de poder entre os seus participantes que, passando a atuar muito mais em busca de satisfazer seus próprios interesses, prejudicam a caminhada rumo às metas organizacionais, ou seja, às metas formais do sistema. Neste caso, lembra Argyris, a organização poderá responder aumentando o nível de controles, de formalização e de estruturação, no sentido de limitar os desvios que estão ocorrendo. E, assim, poderá também aumentar a incongruência e o conflito entre o indivíduo e a organização, conflito este para o qual Argyris não vê uma solução plena, mas apenas alguns caminhos atenuantes, tais como a modificação da natureza da estrutura formal, a redução da liderança autoritária, a diminuição dos controles administrativos, a ampliação do campo das tarefas.

Quais são as conclusões finais de Argyris? Estas podem ser melhor expostas a partir de mais recente artigo deste autor[23], publicado em revista especializada em Ciências Administrativas da Universidade de Cornell, nos Estados Unidos, e a seguir resumido nos seus pontos principais:

---

22. Obra citada na nota 11, edição de 1972 em português, p. 126.
23. CHRIS ARGYRIS, Personality and Organization Theory Revisited, *Administrative Science Quarterly*, jun. 1973, p. 141.

- As organizações, sendo entes complexos, em busca da consecução de metas, são forçadas a dividir-se em unidades, as quais têm de ser geridas por pessoas.
- As pessoas são indivíduos que buscam independência, visão temporal, desenvolver habilidades adicionais.
- A interação da organização com a personalidade pode ocorrer em uma vasta faixa de possibilidades, mas na medida em que a empresa se estrutura, torna-se mais complexa em tecnologia, e, portanto, com mais controles, o que força o indivíduo à volta às suas dimensões de infância.
- Desta maneira, cria-se uma incongruência entre as metas da organização e as necessidades do indivíduo, levando-o à frustração, falhas psicológicas e conflito.
- Este conflito agrava-se com:
  - menor nível hierárquico;
  - com o crescer da interferência direta da liderança;
  - com o crescer dos controles.
- As respostas alternativas dos indivíduos repousam em:
  - forçar a organização a mudar;
  - aumentar seu poder e controle (por exemplo: por criação ou ação dos sindicatos);
  - sair e mudar periodicamente de empresa;
  - ficar, porém desligar-se psicologicamente;
  - ficar apático, isolado, indiferente.
- Uma das maneiras de atenuar o conflito, para Argyris, entre outras, é o enriquecimento e o alargamento das atividades[24]; permitir aos empregados oportunidades em tarefas que lhes possibilitem comportamentos

---

24. Esta expressão é a tradução para o que, em ciência comportamental, se convencionou chamar de "job enlargement or enrichment".

mais adultos, com maior nível de auto-regulação, participação e auto-ajuste.

Como o leitor pode notar, Argyris identificou claramente o conflito organização-indivíduo, mas não conseguiu resolvê-lo, buscando então sua atenuação. Contudo, a operacionalização desta estratégia de diluição parece-nos complexa, especialmente na medida em que as empresas crescem e se tornam mais sofisticadas. Este assunto, ao ser examinado com maior profundidade, desloca o estudioso do campo das organizações para os da Sociologia, Economia e Política.

Aliás, todo estudo de teoria das organizações, que se alarga quanto ao horizonte focalizado e se aprofunda em termos da análise do tema, esbarra nas fronteiras de tais ciências. Com a Sociologia, na medida em que um subsistema ligado a uma empresa faz parte de sistemas maiores e mais complexos da própria Sociedade como um todo.

Com a Economia, porque as questões empresariais são, em essência, econômicas, envolvendo produção, fluxo de bens e serviços e rédito (lucro) econômico; e finalmente com Política, porque, ao questionarmos algumas questões críticas envolvendo a organização formal e o indivíduo, entraremos no estudo das relações entre os componentes de um sistema político.

Estas considerações são importantes em nosso entender, para que o leitor da teoria das organizações não perca de vista o referencial maior.

II.4. *Likert e o "Princípio das Relações de Suporte" ao Valor Pessoal*

Em 1961, após a publicação de *Personality and Organization*, de Chris Argyris (1957), prosseguindo na linha dos estudiosos das questões organizacionais sob o prisma do indivíduo, surge nos Estados Unidos, Rensis Likert com o seu "princípio das relações de suporte" e a idéia de "elo de ligação"[25].

Em sua obra *New Patterns of Management*, Likert procura mostrar as vantagens de um novo e melhor sistema de gestão das empresas, baseando-se em duas generalizações, ambas, frutos de observações e pesquisas sobre o mundo industrial e governamental americano[26]:

(a) Os supervisores e gerentes americanos que atingem as maiores produtividades, os custos menores e os maiores níveis de motivação e satisfação de seus subordinados adotam um padrão de liderança diferente do que empregam os gerentes que atingem níveis de eficiência menores.

(b) Embora tais gerentes muito eficientes estejam a par da diferença existente em seus procedimentos em relação ao comportamento usual (clássico) de supervisão, suas idéias e maneiras de agir não foram, contudo, traduzidas numa nova teoria de organização e gestão.

Baseado nestas duas observações da realidade norte-americana, Likert propõe-se, em seu livro, a moldar as características gerais desta nova teoria. Para ele, seriam quatro os pontos fundamentais de sua proposição:

---

25. RENSIS LIKERT, *New Patterns of Management*, N. York, McGraw-Hill, 1961. O termo "princípio das relações de suporte" é tradução de "Principle of Supportive Relationships". A expressão "elo de ligação" é a tradução de "linking pin".

26. Obra citada, Cap. 8.

1.º) O desempenho global, numa organização, cresce quando existe na mesma um movimento preponderante de atitudes favoráveis de cada membro da organização em relação aos demais, bem como em relação à própria organização, espelhando assim um clima de confiança recíproca.

2.º) Este estado de alta motivação deve ser atingido pelo direcionamento efetivo de toda "força motivacional" que possa afetar positivamente o desempenho da organização. Para tanto, dever-se-ia usar os demais motivos, além dos de natureza econômica, tais como:

- os motivos do ego: o desejo de obter um senso de valor próprio e importância;
- os motivos ligados à segurança;
- o desejo do ser humano de desenvolver novas experiências;
- e, depois, também, os motivos econômicos.

3.º) Dado que as organizações são sistemas sociais compostos por grupos de trabalho que se interligam, devem ser desenvolvidas atitudes de confiança entre subordinados e superiores a fim de propiciar integração e coordenação eficientes entre os diversos níveis hierárquicos; igualmente, um adequado fluxo de comunicações deve ser conservado entre as diferentes partes da organização, de modo a mantê-las informadas das questões relevantes.

4.º) As medidas de desempenho deverão ser principalmente utilizadas para autocontrole, em lugar de criar-se controles hostis às pessoas. No sistema clássico de gestão se exerce controle através de uma postura autoritária, como uma fiscalização, na presunção de que a ocorrência de falhas é certeza. Esta atitude é antipática e desmotivadora.

Estabelecidos os fundamentos do que chamou de "novos padrões de gestão", Likert passa a questionar quais seriam as propriedades que um líder deveria ter em relação a seus subordinados para que pudessem desenvolver comportamentos compatíveis com os "novos padrões". Em outras palavras, como os subordinados veriam tais superiores? Diz o autor que os subordinados os veriam como um apoio, muito mais amigáveis do que hostis, gentis, mas firmes, nunca ameaçadores, sempre interessados em tratar bem as pessoas, mostrando e tendo sempre confiança nos indivíduos, assistindo com especial cuidado os seus subordinados que não atingiram padrões aceitáveis de desempenho.

Para poder estruturar tais atitudes em relação aos demais seres humanos, o líder deveria aplicar o "princípio das relações de suporte", o qual é enunciado da seguinte maneira:

> Os processos de liderança e os demais processos da organização devem assegurar a máxima probabilidade de que, em todas as interações e relações com a organização, cada membro dela participante atue e veja sua experiência como um suporte para construir e manter seu senso de valor pessoal e o sentido de sua importância[27].

A experiência pessoal, para Likert, é vista pelo indivíduo que trabalha para a empresa como sua contribuição pessoal ao sistema do qual participa, através da qual sua vivência, sua particular e pessoal acumulação de conhecimentos sobre a realidade é a ela, empresa, oferecida. Pois bem, pelo "princípio das relações de suporte", a empresa deve prestigiar este tipo de apoio do indivíduo ao sistema organizacional, fazendo dele um importante fator de sucesso da própria organização na busca e consecução de seus objetivos.

27. RENIS LIKERT, obra citada, Cap. 8.

A operacionalização deste princípio para Likert deve ser feita através dos grupos de trabalho, os quais, para este estudioso de organizações, constituem-se na unidade central das ações da empresa. Diz ele que o sentimento de valor pessoal é transmitido às pessoas precisamente pelos indivíduos que as cercam e que com elas trabalham; quando ocorre esta transmissão a pessoa que recebe tais mensagens sente-se gratificada pela sua conduta e tende a reforçá-la. Desta maneira, um sentimento de lealdade se desenvolverá em cada grupo, conduzindo-o crescentemente na busca de maior desempenho e, na sua obtenção, de maior satisfação pessoal.

Para manter coerência ao longo de toda estrutura organizacional, Likert cria e sugere a idéia de "elo de ligação" (*linking pin*). Assim, por este efeito, um supervisor, recebendo apoio (isto é, suporte) de seus subordinados, em termos de suas recomendações, iria transmiti-los à linha hierárquica imediatamente superior, ou seja, ao seu gerente, a ele aportando a experiência de seus próprios subordinados, aliada à sua. Desta maneira, funcionaria como um elo de ligação ascendente, ao exercer suas funções de supervisão e, portanto, ao transmitir as deliberações de seu superior aos seus subordinados, estaria complementando seu papel de elo de ligação.

Quais são, para Likert, as principais diferenças entre o sistema de atuação por ele proposto e o sistema convencional, clássico, de relações entre os indivíduos ao longo da hierarquia?

No sistema clássico o superior atua independentemente com cada subordinado; estes, com o tempo, adquirem o hábito de reterem as informações para seu próprio proveito, ou às vezes "oferecendo-as" ao seu superior, isto é, manipulando-as. No modelo do *linking pin* o trabalho é essencialmente grupal, as informações têm livre circulação entre as pessoas, direta ou indiretamente envolvidas, os conflitos interpessoais são usados de maneira construtiva, como uma alternativa para tornar a organização saudável e dinâmica. Para isto, os canais básicos de resolução de conflitos devem ser constituídos pelos próprios grupos e pela interação entre eles.

À abordagem de Likert quais as críticas que hoje são feitas? Sua proposição, conhecida amplamente com o nome de "Sistema 4", resume-se em desenvolver, nas organizações:

1. alto grau de cooperação na equipe;
2. envolvimento nas decisões;
3. união completa da organização formal e informal; e
4. estabelecimento de autocontrole para medida de desempenho.

Contudo, esta coerência entre o indivíduo e seus objetivos pessoais, de um lado, e a organização e suas metas, de outro, não é tão fácil de ser alcançada. A tão desejada congruência pode, quando muito, surgir nas organizações "normativas" da classificação de Etzioni[28]. Recordando, para este autor, as organizações classificam-se nas seguintes categorias gerais:

— *coercitivas* — exemplo: instituições correcionais, campos de prisioneiros, certos tipos de hospitais;
— *utilitárias* — nas quais a recompensa é o principal meio de controle sobre os níveis inferiores; de um modo geral, as empresas privadas enquadram-se nesta categoria;

28. Obra citada, Caps. II e III, pp. 31-102.

– *normativas* – nas quais a orientação dos participantes para com a organização é principalmente caracterizada pelo auto-engajamento entre o participante e a organização.

Etzioni diz que a participação dos indivíduos[29] nas organizações ocorre apenas de uma maneira congruente quando o comportamento dos participantes: (i) sendo alienativo, dá-se nas organizações coercitivas; (ii) sendo calculista, dá-se nas organizações utilitárias; e (iii) sendo moral, dá-se nas normativas. Nestas últimas o engajamento irá, portanto, fundamentar-se na identificação com a autoridade e com a própria organização, do tipo que ocorre entre líderes e seguidores, professores e discípulos, vigários e paroquianos devotos.

Então, segundo o Prof. Etzioni, nas organizações utilitárias, e no caso particular que estamos focalizando, o das empresas de negócios, a adesão pelo profissional se faz de maneira calculista, sendo de um modo geral de baixa (ou no máximo, de média) intensidade: o subordinado nem se rebela fortemente (na regra geral), nem se lança com todo (todo!) despreendimento rumo à busca dos objetivos da empresa. Contudo, como observa também Etzioni, na medida em que, na empresa privada, o funcionário sobe na hierarquia (a qual abrange desde o trabalhador sem qualificações até os membros do conselho de administração), a natureza de seu comportamento "congruente" mudará, numa escala que vai desde o comportamento alienativo, válido para o trabalhador contratado para uma tarefa, que sabe que quando aquela terminar terá de ir, passando pelos diferentes graus

---

29. Vide o desenvolvimento apresentado em II.1, a propósito dos tipos de participação que os indivíduos desenvolvem em relação à organização.

de participação calculista, até algum ponto do engajamento moral, tipo que possivelmente deve ser encontrado para os altos executivos que se dedicam com grande empenho à empresa.

Portanto, o "Sistema 4" preconizado por Likert não pode ocorrer da mesma maneira, em empresas de negócios, do que em times amadores de futebol ou em pelotões de combate em guerra ativa. Neste sentido, a visão de Likert é ingênua e, de certa forma, fruto do meio na qual se desenvolveu — o meio sofisticadamente industrializado e automatizado dos Estados Unidos dos anos 60 e seguintes.

II.5. *McClelland e seus Fatores* n *Motivacionais*

Outro estudioso americano que se tornou clássico na trilha das questões de motivação foi o psicólogo da Universidade de Harvard, David McClelland que, em 1961, expõe sua interpretação[30] e teoria sobre a motivação dos seres humanos. Para ele existem três categorias de diferentes razões ou "motivos" que nos propelem e induzem a nos comportarmos desta ou daquela maneira:

1. A necessidade de realização (*achievement*) que, simbolicamente, pode ser representada por $(Ach)_n$, isto é, sendo *n* grau ou intensidade.
2. A necessidade de poder (*power*) que pode ser representada por $(Pow)_n$.
3. A necessidade de filiação (*affiliation*) que pode ser representada por $(Aff)_n$.

30. DAVID C. McCLELLAND, *The Achieving Society*, Princeton, N.J., Van Nostrand Co., Inc., 1961.

Cada pessoa, diz o autor, em sua particular maneira de pensar, possui um processo interno peculiar, que a faz agir, numa dada situação, desta ou daquela maneira específica.

A necessidade de realização se expressa através de desejos ou vontade de êxitos; porém estes, que são metas, comparam-se com uma imagem ou padrão de excelência que cada pessoa tem consigo própria; tal imagem é variável de pessoa para pessoa e é formada através das particulares percepções que o indivíduo acumulou durante sua vida, até aquele instante. Os padrões de realização de um silvícola são diferentes dos de um executivo de empresas, ou de um artista. Contudo, mesmo considerando as diferenças qualitativas de tais padrões, existem diferentes graus de intensidade desta expressão de realização; para exprimir este nível, McClelland usa o fator n que poderá ser, por exemplo, baixo (quando expressar uma relativamente fraca necessidade de realização), ou alto (quando indicar que seu possuinte tem uma forte necessidade de se realizar). Valores do fator $(Ach)_n$ altos indicam ainda pessoas que querem e precisam vencer, envolvem-se em tarefas especiais e desafiantes, têm um conjunto de objetivos a longo prazo.

A necessidade de poder $(Pow)_n$ se expressa através da vontade da pessoa de manter controle ou meios de influenciar outros indivíduos, coisas ou sistemas (inclusive organizacionais). Diferentes indivíduos, tal como no fator $(Ach)_n$, têm diferentes padrões de referência da variável "poder", bem como se colocam em diferentes intensidades de $(Pow)_n$ numa escala relativa.

A necessidade de afiliação $(Aff)_n$ exprime o conjunto de impulsos que se desenvolvem e levam o indivíduo a procurar e manter um conjunto de relações com outras pessoas através de amizade, festas, reuniões, visitas, conversas. Os impulsos são emotivos.

McClelland reconhece que, em confronto com professores ou advogados, profissionais de empresas de negócios tendem a ter necessidades mais fortes de realização do que de afiliação. Estes estão mais empenhados do que a média das pessoas em realizar tarefas que sejam bem-sucedidas.

Finalmente, o autor acredita que o conjunto de motivos de uma pessoa pode mudar, mesmo nas idades adultas, através de programas de treinamento especialmente preparados para tal mudança.

A partir desta idéia, desenvolveram-se nos Estados Unidos uma série de exercícios para grupos de pessoas objetivando ensinar aos participantes os fundamentos da teoria de motivação de McClelland, bem como possibilitar aos participantes o conhecimento de suas próprias tendências pessoais. Em 1971, como exemplo, três psicólogos ligados ao MIT publicaram um manual de treinamento[31], que apresenta um conjunto de testes baseados na teoria de McClelland, o qual tem tido freqüente utilização em Escolas de Administração de Empresas.

Qual a aceitação que a teoria de McClelland teve entre os estudiosos de administração de empresas? A este propósito, Edgar Schein (cuja abordagem será examinada no próximo tópico), conceituado professor americano da área comportamental, escreveu, em 1965: "O importante é perceber que temos uma teoria (a de McClelland) que explicitamente postula que a motivação é mutável"[32]. Outro comentário importante e prático pode ser deduzido do livro escrito por

---

31. DAVID A. KOLB, IRWIN M. RUBIN e JAMES M. McINTYRE, *Organizational Psychology: An Experimental Approach*, N. Jersey, Prentice Hall Inc., 1971/1974.

32. Conforme EDGAR H. SCHEIN, *Organizational Psychology*, N. Jersey, Prentice Hall, Inc., 1965, 1970. O texto é da 2.ª edição.

Lawrence e Lorsch[33]: estes autores, estudando a questão de vendedores de uma empresa de equipamentos para hospitais, para pesquisar qual o tipo ideal de vendedor, através de aplicação de testes de percepção temática (desenvolvidos a partir dos conceitos de McClelland), constataram que os vendedores excelentes tinham altos valores do fator $(Aff)_n$, isto é, tinham uma necessidade muito grande de afiliação, contrariando a concepção corrente de que deveriam ter altos fatores $(Pow)_n$ e $(Ach)_n$. Ora, como a venda de tais equipamentos se fazia após um trabalho demorado de contatos pessoais com os médicos, levando às vezes anos para se realizarem, era principalmente a necessidade de se relacionarem com uma clientela ampla e socialmente importante que alimentava psicologicamente os bons vendedores; os que tinham apenas valores altos do fator $(Pow)_n$ (necessidade de poder) ou do fator $(Ach)_n$ (necessidade de realização), não eram os melhores vendedores, visto que a pressão psicológica que estava por trás da ânsia de fechar vendas atrapalhava o trabalho (paciente) de preparo e consolidação da intenção de aquisição dos equipamentos. O exemplo foi aqui apresentado para dar idéia da aplicabilidade dos conceitos de McClelland nas empresas de negócios.

II.6. *A Teoria da Eqüidade de Adams sobre Motivação*

As teorias da eqüidade sobre motivação se constituem em um conjunto de estudos, normalmente conduzidos por psicólogos, os quais objetivam investigar as comparações

---

33. Vide a nota 12 do Cap. III, bem como o Cap. II deste livro; o caso em questão encontra-se à pág. 79 da tradução brasileira; 1.ª edição.

sociais que todos nós fazemos com as pessoas com as quais nos relacionamos. São diversas teorias que buscam examinar as discrepâncias ou dissonâncias percebidas pelos indivíduos quando se comparam com outros seus semelhantes, de onde a designação dadas por Cofer e Appley em 1964[34] de "teorias das discrepâncias".

Se alguém em uma empresa, ocupando uma função executiva, acha que o seu esforço, a sua dedicação, a responsabilidade que lhe cabe são maiores do que as de seu colega, situado no mesmo nível de hierarquia, mas que, apesar disso, sua remuneração é mais baixa, tal fato (ou seja, esta discrepância) gerará tensão, frustração, ou seja, sentimentos não gratificantes. Foi Adams[35] quem, em 1963, publicou um estudo a respeito do sentimento de injustiça causado por comparações, dando corpo à sua "teoria da eqüidade".

A base da teoria da eqüidade, de Adams, situa-se então nas comparações que os indivíduos fazem, de um lado, com os esforços que realizam (Adams denomina-os "investimentos") para obter determinados fins ou para executar trabalhos; estes "esforços" podem ser o próprio trabalho, o nível autopercebido de dedicação, a avaliação pessoal do nosso preparo, o tempo dedicado e assim por diante, e, de outro lado, com as recompensas recebidas, quer em termos de salário, quer em termos de reconhecimento, quer em termos de *status* obtido. Como já foi dito, estas comparações são feitas pelo confronto com pessoas conhecidas, que fazem parte de um "universo de referência" que cada um de nós

---

34. In: CAMPBELL, DUNETTE, LAWLER III e WEIK, *Managerial Behavior, Performance and Effectiveness*, McGraw-Hill, 1970, p. 348.

35. J. STACY ADAMS, "Toward an Understanding of Inequity". *Journal of Abnormal and Social Psychology*, 1963/67, pp. 422-436.

constrói, através portanto de nossas próprias percepções, quer dos investimentos, quer das recompensas recebidas. Dos confrontos surgirá um sentimento de justiça ou eqüidade, desde que a relação entre os investimentos e as recompensas seja comparável (pela nossa ótica) às das pessoas que escolhemos (subjetivamente) para comparação. De outra parte, poderemos, do confronto, perceber a existência de injustiça, desigualdade de tratamento, avaliações estas subjetivas que poderão ou não ter correspondência com a realidade objetiva.

Quando o indivíduo sente a existência de um tratamento desigual, o que diz a teoria de Adams sobre seu comportamento? O que ela prognostica é que, quanto maior a diferença do quociente investimento/recompensa, avaliado pela própria pessoa para si e para quem a pessoa escolheu como referência, tanto maior será o empenho de quem faz a avaliação em tentar reduzir tal desigualdade, com o objetivo de se safar da tensão criada pela diferença.

Como o indivíduo, que se sente objeto de um tratamento desigual poderá proceder? Adams[36] especifica as seguintes maneiras:

1.ª) poderá distorcer sua própria avaliação dos "investimentos" ou das recompensas, quer suas quer das pessoas que escolheu para a comparação;
2.ª) poderá mudar ou tentar mudar (aumentar ou diminuir) seus próprios fatores, por exemplo reduzindo seu empenho no trabalho ou esforço, ou, então, pedindo um aumento de salário, ou um aparelho de ar condicionado para sua sala;

36. J. STACY ADAMS, "Inequity in Social Exchange", in *Advances in Experimental Social Psychology*, New York, Academic Press, 1965.

3.ª) poderá tentar mudar os fatores de quem escolheu para a comparação, como, por exemplo, tentando passar parte de suas tarefas para o outro (a fim de forçá-lo a aumentar seu "investimento") ou então induzir quem tiver autoridade sobre a outra pessoa, para que alguma regalia a ela dada seja eliminada (por que sou obrigado a bater ponto e ele não?);

4.ª) poderá a pessoa simplesmente mudar a comparação, escolhendo outro indivíduo para tal confronto;

5.ª) mudando os fatores que está considerando como "investimentos" e "recompensas".

Qual a apreciação crítica da teoria da eqüidade? Campbell e Pritchard, dois professores americanos, que pesquisam a matéria[37] dizem o seguinte: a teoria da eqüidade, de Adams, embora seja a mais explícita das teorias da eqüidade, dentre as conhecidas (Homans, 1961; Jaques, 1961; Patchen, 1961) é, contudo, ainda restrita quanto ao seu enfoque e menos geral do que o modelo (teoria) da "valência-instrumentalidade-expectativa" (Campbell e Pritchard querem se referir às teorias que estudam a motivação, levando em conta estas três variáveis, como, por exemplo, a teoria de Vroom, que será vista mais adiante).

Interpretando o ponto de vista de Campbell e Pritchard, podemos dizer que a teoria da eqüidade de Adams, embora nos explique certos comportamentos do ser humano, não consegue reproduzir toda a complexidade psicológica e socio-

---

37. JOHN P. CAMPBELL e ROBERT D. PRITCHARD, "Motivation Theory in Industrial and Organizational Psychology", in MARVIN DUNETTE, *Handbook of Industrial and Organizational Psychology*, Chicago, Rand McNally College Publishing Company, 1976, p. 109.

lógica ligada ao nosso ego, aos mecanismos que nos induzem a agir, a nos comportarmos desta ou daquela maneira. De qualquer modo, a ciência é evolutiva e a Adams seguiram-se já outros pesquisadores e teóricos, com novas explicações e modelos um pouco mais próximos da complexa realidade da vida.

II.7. *O "Homem Complexo" de Schein*

Edgar Schein, professor do Massachusetts Institute of Technology (Sloan School of Management) publicou, em 1965, um livro que se tornaria muito conhecido na literatura da área comportamental em Administração de Empresas[38].

Trabalhando na linha da Psicologia Organizacional, Schein faz uma interessante apreciação das abordagens que cada escola ou corrente das teorias das organizações utilizam em seus respectivos enfoques sobre o ser humano. Diz ele que cada uma das diferentes concepções do que convencionou chamar de "homem organizacional" leva a uma particular estratégia de comportamento, a qual irá nortear a maneira de agir da organização em sua defrontação com os indivíduos que com ela colaboram e interagem.

A primeira corrente analisada por Schein é a correspondente à abordagem clássica em Teoria das Organizações (que corresponde à interpretação da Teoria "X", de McGregor). Para esta corrente, o homem é essencialmente *racional-econômico*; nesta concepção, o comportamento do homem é visto como calculista, de modo a tirar o maior proveito em favor de seus interesses próprios, prevalecendo os motivos de ordem

---

38. EDGAR H. SCHEIN, *Organizational Psychology*, N. Jersey, Prentice Hall, Inc., 1965, 1970.

econômica entre tais interesses. Vale dizer, sem recompensas econômicas equivalentes, diretamente ligadas às suas ações, o homem tenderia a cessar sua contribuição à organização.

Segundo o autor, desta visão racional-econômica do homem decorre uma estratégia de comportamento que irá se refletir ao longo da hierarquia, implicando em aceitar as bases das relações indivíduo-organização como essencialmente calculistas[39]. Por estas idéias, então, a empresa vê o indivíduo como essencialmente preguiçoso, indolente, calculista, movendo-se apenas à custa de incentivos[40]. Em função desta concepção, a organização estrutura-se para "policiar" as pessoas, montando rígidos sistemas de controle, função esta que passa, neste caso, a ter conotação de "fiscalização". A ênfase fundamental é sobre a eficiência das tarefas, ficando a responsabilidade pelos sentimentos e pelo moral dos indivíduos e grupos relegada a posições de desconhecimento ou indiferença por parte da direção da organização.

A inadequação da visão do homem *racional-econômico* foi realçada pelas pesquisas de Hawthorne; da obra de Elton Mayo e seus colaboradores surgiu o modelo que Schein designou por *"homem social"*, contrapondo-se ao racional-econômico. Por este modelo, o comportamento do homem seria melhor explicado pelo seu desejo de identidade com seus semelhantes, pela sua necessidade de filiar-se e relacionar-se com os demais. Este modelo social realça o papel dos grupos informais como reforço à personalidade do indivíduo contrapondo-se à formalização das organizações; estas forçam a

---

39. O termo "calculista" refere-se à tipologia das relações de consentimento, criada por Etzioni (vide, a propósito, o desenvolvimento do item II.1 e a nota 11, Cap. II.

40. Esta concepção corresponde ao que Elton Mayo chamou de "hipótese do populacho".

despersonalização através da ênfase na burocratização, nas rotinas e nos procedimentos institucionalizados.

A visão do "homem social" implica, segundo Schein, a adoção de uma linha estratégica, por parte da organização, que é "drasticamente diferente"[41] da anterior; a atenção, nas empresas, deve voltar-se ao sentimentos dos empregados, ao esforço para motivá-los, aos incentivos não apenas materiais, ao acompanhamento dos grupos informais com vistas aos papéis que estes podem desempenhar a favor da organização. O modelo resultante é mais participativo, mais democrático, procurando assim contrapor-se à gestão autocrática e centralizadora da versão clássica.

Contudo, a abordagem de Mayo e o conseqüente conceito de "homem social", embora reconhecidamente importante, tem as suas deficiências, conforme já examinamos em I.2. Para Schein os enfoques que Argyris, Maslow e McGregor dão às relações "indivíduo-organização" oferecem uma terceira maneira de encarar o homem, maneira esta por ele denominada a do *"homem auto-realizador"*. Este modelo parte da premissa de que os motivos obedecem a uma hierarquia (pirâmide de Maslow), que vai desde as necessidades que visam garantir a sobrevivência, até as que implicam em satisfazer os desejos de auto-realização. Além disso, o modelo reconhece que o indivíduo adulto busca doses crescentes de autonomia, independência, estruturação de propósitos, visão de longo prazo[42]. Finalmente, o modelo prevê a possibilidade de integração entre o desejo de auto-realização

---

41. Conforme diz textualmente Schein (obra citada, edição de 1970).

42. Esta idéia corresponde à conceituação de Argyris, desenvolvida em II.3.

do indivíduo e o empenho da organização em sua busca de eficiência.

Para Schein, como nos outros modelos anteriores — o do *homem econômico* e o do *homem social* — o modelo do "homem auto-realizador" implica um conjunto de condutas (estratégias) igualmente diferente das demais condutas, por parte das organizações. Diz ele que, neste caso, a preocupação será tornar o trabalho mais desafiante e significativo, de modo a gerar, para seus realizadores, orgulho e auto-estima; nesta linha, a recompensa psicológica estará principalmente no trabalho em si e na satisfação de vê-lo realizado adequadamente (recompensa intrínseca) mais do que nos atrativos econômicos ou sociais (que designa por recompensas extrínsecas). O modelo incentiva a criatividade, a administração por objetivos, o autocontrole (isto é, a ação reguladora exercida pelo próprio indivíduo sobre as tarefas que executa). As idéias sobre *job enrichment* (citadas em II.3.) são decorrentes desta estratégia e constituem um dos "modismos" relativamente atuais em Teoria das Organizações.

As limitações do "homem auto-realizador", citadas por Schein, são as mesmas que Argyris arrola em "Personality and Organization"[43]: a tão buscada compatibilidade entre os objetivos da organização e os do indivíduo sempre conterá, em si, um conflito básico, que a interdependência recíproca serve para conter e, digamos, normalizar. A empresa com fins econômicos, ao criar o "enriquecimento da tarefa", não perderá de vista os conceitos de rentabilidade, de custos e benefícios marginais; por mais que queira considerar os indivíduos e suas estruturas de propósitos, sempre haverá de encará-los, de certa forma, como um meio, até certo ponto imprescindível, de atingir tais propósitos. Além do mais,

43. Ver nota 23.

como lembra Schein, com muita adequação, cada indivíduo é um ente singular; ainda que os agrupássemos por categorias, para efeito de análise, existem diferenças profundas nas escalas de motivos, entre um trabalhador não-especializado e um operário especializado; entre o supervisor de fábricas e os gerentes; entre estes e o pessoal do escritório, ou, ainda, entre todos eles e os diretores da empresa. Além disso, certamente a estrutura das diferenças motivacionais varia no tempo, variando também geograficamente (por exemplo, as extrapolações entre países altamente industrializados e não-industrializados são, em princípio, muito discutíveis).

Por estas razões, diz Schein, é preciso adotar um modelo explicativo do comportamento do indivíduo quanto aos seus motivos e suas ações, que reflita e seja consistente em relação à realidade observada e suas variações. A este novo modelo o autor chama de *"homem complexo"*: este deve considerar a complexidade dos motivos que acionam os indivíduos, como também sua variabilidade, quer em natureza, quer em hierarquia ou prioridade. Igualmente, deve considerar a propriedade que o indivíduo tem de aprender em função de novas experiências, alterando a hierarquia de motivos, quer através do tempo, quer com a mudança de uma situação para outra; deve ainda levar em conta a própria variabilidade criada pelo meio no qual o indivíduo atua, o qual faz com que idênticos indivíduos, em diferentes áreas da organização, dêem respostas diferentes ao mesmo estímulo recebido.

Para Schein, o modelo do "homem complexo", enquanto explica o comportamento do indivíduo, tem correspondido às verificações empíricas dos pesquisadores do assunto[44].

---

44. SCHEIN menciona especificamente os estudos de V.H. VROOM (publicados em *Motivation in Management*, N. York, AFMR,

Inversamente, as verificações citadas pela literatura não têm endossado plenamente os três modelos anteriores, possivelmente porque se constituem em versões muito simplificadas do homem e de seus mecanismos motivacionais face às organizações.

Em decorrência do modelo do "homem complexo", Schein, como nos três modelos anteriores, diz que do seu entendimento e adoção resulta, para a organização, a seguinte estratégia: o administrador que, entre seu conjunto de propósitos formais, é obrigado a gerenciar pessoas, deve ser, antes de tudo, um "bom diagnosticador", no sentido de que, para ser bem-sucedido, deve ser suficientemente preparado e hábil para discernir as peculiaridades de cada situação e dos indivíduos com ela envolvidos. Além do mais, deve ter a flexibilidade e a concreta possibilidade de variar seu próprio comportamento, para tratar as distintas situações com a aproximação que o senso comum indica ser a mais conveniente.

Nosso particular entendimento da posição comparativa entre o "homem econômico", o "homem social" e "homem auto-realizador" dá plena razão à conceituação de Schein, de que tais modelos são extremamente simplificativos em relação à realidade e, conseqüentemente, falhando no intento de explicá-la. Aliás, o ponto de vista de Schein se constitui em base concreta para que o executivo profissional ou o próprio estudioso teórico rejeitem aquilo que já anteriormente chamamos de "modismos" em teoria das organizações, isto é, as teorias normalmente muito específicas, em geral muito simplificadas, que periódica e freqüentemente

---

1964). V.H. VROOM e F.C. MANN, Leader Authoritarianism and Employee Attitudes, *Personnel Psychology*, 13 (1960): 125-140), e de WHITE (*Money and Motivation: An Analysis of Incentives in Industry*, N. York, Harper & Row, 1955).

surgem na literatura, nos cursos, nas universidades, procurando explicar fenômenos complexos e multicausais de maneira às vezes até desonesta, eticamente falando.

Observe o leitor que a complexidade cresce ainda mais quando se considera o fato de que os aspectos comportamentais tratados neste livro são apenas uma faceta das organizações, as quais, mais genericamente, possuem subsistemas técnicos, subsistemas econômicos, estrutura de propósitos, estrutura formal de cargos e funções, hierarquia de autoridade, processos de operação de todos estes subsistemas e de suas interdependências e, ademais, toda ligação dos subsistemas internos com os outros (teoricamente infinitos) subsistemas externos. Daí a complexidade da questão e o risco de simplificações exageradas.

II.8. Desenvolvimentos Posteriores em Teorias Motivacionais: O Modelo Teórico de Vroom

a) Introdução

O campo dos estudos de motivação tem passado por um número crescente de pesquisas, estudos, criação de modelos. A psicologia e a sociologia vêm dando seu apoio à nascente e embrionária ciência das organizações, com vistas ao entendimento do papel e do comportamento do ser humano nas mesmas.

Um dos enfoques atuais na área comportamental é o dos estudos de modelos explicativos da conduta das pessoas, destacando-se, entre eles, os trabalhos de Vroom[45], sobre

---

45. *Work and Motivation*, New York, Wiley, 1964; VICTOR H. VROOM, "Industrial Social Psychology", in G. LINDZEI e E. ARONSON, *The Hand Book of Social Psychology*, Addison-Wesley, 1969, v. 5.

motivação com o seu "modelo de expectativas", também conhecido como teoria da expectativa.

Para Victor Vroom, a questão da satisfação no trabalho deve ser encarada como resultante de relações entre as expectativas que a pessoa desenvolve e os resultados esperados. Em outras palavras, segundo Vroom, *a motivação é um processo governando escolhas entre diferentes possibilidades de comportamento do indivíduo*. Este avalia (através de mecanismos de percepção) as conseqüências de cada alternativa de ação: esta avaliação de conseqüências futuras é feita por um confronto entre as metas particulares que a pessoa haja desenvolvido para si própria e a sua expectativa de quais serão as contribuições de cada caminho ou alternativa para tais metas (os seus objetivos, em outras palavras). Estas contribuições surgem através de uma cadeia seqüencial de meios e fins, de tal modo que o indivíduo se sentirá motivado a escolher um certo caminho ou optar por um certo procedimento, quando sua expectativa dos resultados decorrentes daquele caminho seja de que, optando por ele, o mesmo o levará aos objetivos que almeja atingir.

Segundo Campbell e Pritchard[46], o modelo de Vroom (1964) e outros modelos similares, explicativos do processo de motivação dos indivíduos, são bastante similares ao conceito de "escolha racional", enunciado por René Descartes, no século XVI[47]. A construção de Vroom, enquanto modelo

---

46. JOHN P. CAMPBELL e ROBERT D. PRITCHARD, "Motivation Theory in Industrial and Organizational Psychology", in MARVIN D. DUNETTE, *Handbook of Industrial and Organizational Psychology*, Rand McNally College Publishing Company, Chicago, EE.UU.

47. O "racionalismo" se refere à doutrina que leva em conta a razão para se chegar à verdade objetiva; René Descartes (1596-1650) acredita que apenas através de uma construção metódica, baseada na

explicativo procura mostrar a fundamentação das atitudes, isto é, das ações individuais, com base em uma avaliação, ou melhor, em uma mecânica de avaliação que ocorre *a priori*, isto é, antecedendo as ações. Para tanto, Vroom utiliza quatro idéias: valência, instrumentalidade, expectativa e força motivadora.

b) O conceito de valência

O termo valência apareceu, possivelmente, na literatura especializada, com os trabalhos de Kurt Lewin (vide III.2), o qual desde 1935 se preocupava com o estudo da personalidade humana. A idéia de valência[48] está ligada à força ou valia que um dado resultado ou uma certa conseqüência tem, para um indivíduo, quando confrontado com outros resultados ou conseqüências.

No caso dos processos de escolha, Vroom considera a valência como sendo positiva quando alguém prefere um certo resultado a não obtê-lo (por exemplo, preferir ser promovido com transferência do local de trabalho a deixar de ser promovido); a valência será nula se a pessoa se mantém indiferente à obtenção ou não de um certo resultado (por exemplo, ser indiferente a entrar ou não em férias num certo período); a valência será negativa quando a pessoa prefere não ter tal resultado a tê-lo (por exemplo, preferir não trabalhar em horas extras aos sábados a fazê-lo).

Vroom admite que a valência pode assumir valores em uma ampla faixa, desde padrões fortemente negativos até

intenção, análise e dedução, se poderia obter conhecimentos seguros, com correspondência objetiva.

48. "Valência: do latim *valentia*, plural neutro de *valens, valentis*, "que tem força", valia (segundo AURÉLIO BUARQUE DE HOLANDA FERREIRA, *Novo Dicionário da Língua Portuguesa*).

fortemente positivos, passando pela faixa intermediária, a da vizinhança da valência nula, equivalente à indiferença.

c) A idéia de instrumentalidade

Diz Vroom que os resultados ou conseqüências podem não ser encarados como desejáveis ou não-desejáveis por si próprios, de maneira absoluta, mas sim pela idéia que as pessoas fazem de que tais resultados as levarão mais fortemente (ou menos fortemente) aos seus objetivos, ou melhor dizendo, a certos objetivos que elas perseguem. Desta maneira, ao julgarmos um certo meio, nosso mecanismo de avaliação ajuíza qual a contribuição estimada que aquele meio dará para o objetivo que temos em mente, isto é, julga em que medida o meio em análise será (ou não) um instrumento para atingir o fim almejado. Assim, o dinheiro pode ser percebido como de alta instrumentalidade para que o indivíduo obtenha coisas que, para ele, são de elevada valência (um carro do último tipo, por exemplo). Porter, Lawler e Hackman[49], em relação à instrumentalidade, dizem que "muitos resultados, em organizações (por exemplo, desempenhar-se bem), possuem elevada valência para as pessoas porque eles têm alta instrumentalidade quanto a conduzi-las a outros resultados (por exemplo, obter maiores salários, ser promovido mais rapidamente, obter maior estima da chefia, obter mais poder etc.)".

Ou seja, o indivíduo procura se desempenhar bem porque acredita, que, assim o fazendo, alcançará com maior probabilidade, as coisas que para ele têm maior valência.

49. LYMAN W. PORTER, EDWARD E. LAWLER III e J. RICHARD HACKMAN, *Behavior in Organizations*, McGraw-Hill, 1975, p. 55.

d) O conceito de expectativa

Quando as pessoas fazem uma escolha entre distintos caminhos, não só consideram o valor que cada resultado (de cada caminho) representa para si, mas também as chances que cada um destes caminhos possuem; um estudante pobre pode optar por um curso técnico de nível médio, no qual a probabilidade de término seja maior, ao invés de escolher um curso superior, mais sofisticado, sabendo que, neste último, suas chances de chegar ao final são bem menores. Não se trata, portanto, de julgar apenas a valência (valor) dos dois caminhos, bem como suas respectivas instrumentalidades para os objetivos finais da pessoa, é preciso ainda apreciar, ao escolher, as chances de cada caminho. É preciso notar, contudo, que a expectativa é subjetiva, isto é, corresponde à avaliação pessoal que o indivíduo faz. Então a expectativa é uma medida da chance de cada caminho, isto é, da probabilidade subjetivamente sentida de que o resultado de um dado caminho irá ou não ocorrer.

e) O conceito de força motivadora

A combinação de uma certa valência de um determinado resultado (que poderá ser obtido pelo indivíduo que procede a escolha) com uma certa expectativa de ocorrência determina, para o indivíduo, uma certa força motivadora, entendida esta como um vetor, que irá representar a direção do comportamento, sua intensidade e sua persistência.

Estas quatro idéias ou conceitos enunciados por Vroom (valência, instrumentabilidade, expectativa e força motivadora) são tratados analiticamente pelo autor, no chamado "modelo de Vroom", o qual é a seguir apresentado.

f) O modelo de Vroom[50]

De uma maneira simplificada, o modelo de Vroom sobre a motivação humana diz que:

A força motivadora (*FM*) que propele um indivíduo para um certo comportamento é uma função multiplicativa da expectativa E (isto é, a probabilidade subjetivamente sentida de que aquele resultado irá ocorrer) pela valência V (isto é, a importância ou valor subjetivamente atribuído pelo indivíduo àquele resultado). Desta maneira,

$$(FM) = f(E \times V), \text{com } 0 \ E \ 1 \qquad (1)$$

Quanto maior for a expectativa que a pessoa tem de que o resultado esperado será obtido pelo comportamento determinado, maior será a força motivadora; quanto mais importante for o resultado, maior a força motivadora e assim por diante.

Porém, como um certo comportamento sempre tem não apenas um resultado ou uma conseqüência, o modelo de Vroom considera este fato introduzindo na expressão (1) a idéia de que, em verdade, a força motivadora é uma soma de produtos $E \times V$, cada um deles para um conseqüência. Assim é que a expressão (1) se transforma em (2):

$$(FM)_i = f = E_1 \times V_1 + E_2 \times V_2 + \ldots + E_n \times V_n \qquad (2)$$

onde E_1, E_2, ... E_n são as expectativas ou probabilidades subjetivas das conseqüências 1, 2, 3 etc., n, do comportamento (i) e V_1, V_2 ... V_n são as valências subjetivas (per-

---

50. VICTOR VROOM, *Work and Motivation*, Wiley, 1964, p. 17.

cebidas pelo indivíduo) de cada conseqüência do comportamento (i), para o qual a força motivadora resultante é $(FM)_i$. Cada expressão $E_j\,V_j$ poderá ser positiva ou negativa, dependendo de sua valência ser entendida como favorável ou desfavorável.

Note o leitor que a força motivadora de um caminho (i) não fica afetada por uma conseqüência de alta valência mas de baixa chance de ocorrer, a não ser residualmente. Por isso, Vroom define a função $(FM)_i$ com a condição de que seja "monotônica crescente"[51]. Nossa interpretação do pensamento de Vroom neste caso é de que o indivíduo, ao considerar o caminho (i), leva em conta, pela ordem de importância, os produtos $E_j\,V_j$ tendo em conta o de maior "peso" em primeiro lugar, seguido pelo imediatamente maior e assim por diante, até aqueles residuais que abandona, para efeitos de sua decisão.

Para exemplificar a expressão (2), vamos recorrer a uma hipótese investigada por Vroom[52] sobre a força que motiva uma pessoa a permanecer em um dado trabalho:

A força sobre a pessoa para que permaneça em um dado cargo em uma empresa na qual trabalha é uma função monotônica crescente do produto da valência daquele cargo pela intensidade da sua expectativa de que será capaz de permanecer ocupando-o.

De fato, segundo Vroom, as pesquisas indicam que:

a) a probabilidade de alguém deixar um grupo é inversamente correlacionada com a atratividade que esta pessoa se refere a ele;

---

51. Vide, para maiores detalhes a nota anterior.
52. *Idem*.

b) a força que faz com que uma pessoa permaneça onde está diminui com o crescer da demanda do mercado de trabalho por funções similares e inversamente cresce (isto é, a pessoa se fixa mais ao seu posto) com o escassear de tal procura.

Para completar seu modelo, Vroom estabelece uma outra ligação entre estes conceitos, dizendo que a valência V_j de um determinado caminho (j) ou de seu resultado é uma função crescente da soma algébrica dos produtos das valências V_k de todos outros resultados pelas suas instrumentabilidades $I_{j,k}$, onde $I_{j,k}$ representa a instrumentabilidade do caminho (j) para atingir o objetivo ou resultado k, onde k varia de 1 a n:

$$V_j = f \quad V_1 I_{j1} + V_2 I_{j2} + V_3 I_{j3} + \ldots V_n I_{jn} \tag{3}$$

sendo $I_{j,k}$ compreendido entre -1 e $+1$[53].

Para exemplificar a expressão (3) através de pesquisas ligadas a cargos e suas valências para seus ocupantes, Vroom formulou a seguinte hipótese:

> A valência de um cargo para uma pessoa que o ocupa é uma função monotonicamente crescente da soma algébrica dos produtos das valências de todos outros resultados e das concepções que tal pessoa tem da instrumentabilidade do cargo para a obtenção destes outros resultados.

Sobre tal hipótese, reporta Vroom uma série de pesquisas que a confirmam, indicando que, de fato, as menções

---

53. I pode ser visto como um coeficiente de correlação que igualmente varia entre -1 e $+1$.

das pessoas à atratividade de seus cargos liga-se diretamente ao pagamento que recebem, à consideração a elas dada pelos seus superiores imediatos, às possibilidades de serem promovidas, às suas referências pelos colegas de trabalho e assim por diante.

g) Conclusão sobre o modelo teórico de Vroom

A ênfase em estudos como o de Vroom no campo das teorias das organizações tem crescido e a qualidade e profundidade de tais análises e investigações aumentado, dado o interesse que o ser humano tem de melhor compreender os mecanismos que nos levam a determinados comportamentos; o interesse em conhecer tais comportamentos tem, além do valor natural do conhecimento puro, importância prática, para que, entendidos os porquês, possa o indivíduo, o gerente, a empresa, enfim, o sistema, predizer certos comportamentos a partir de certas situações e, inversamente, desejando determinados comportamentos, criar as condições para que tais comportamentos desejados possam ser obtidos.

O campo é vasto, infinito, e os trabalhos como os de Vroom, iniciados por ele nos anos 60, prosseguem. A seguir passaremos em revista as principais teorias de motivação, mostrando, agora que algumas delas já foram apresentadas ao leitor, como se pode classificá-las, agrupando-as em tipos similares, e como as que não foram vistas neste trabalho se encaixam em tal classificação.

II.9. Revisão das Teorias sobre Motivação

a) As teorias sobre a motivação humana: introdução

A preocupação dos homens de negócios com a melhoria dos resultados gerados pelos seus investimentos tem sido, no mundo ocidental, a mola propulsora da constante busca de maior eficiência nos sistemas organizacionais.

Contudo, a busca de ação mais eficiente não é exclusiva sequer da esfera dos negócios privados ou mesmo do mundo dos negócios; os governos dos países, quer do oeste, quer do leste, têm análoga preocupação; entidades que não visam lucro como objetivo central, tais como as organizações religiosas, os clubes recreativos, as cooperativas, igualmente se preocupam em tornar seus recursos melhor utilizados o que, em essência, é procurar agir de maneira mais eficiente. Esta preocupação por maior desempenho remonta, inclusive, à própria origem do homem, podendo ser pesquisada e achada nos escritos bíblicos. Do mesmo modo, não há a menor dúvida de que o mundo não-capitalista desenvolve igualmente mecanismos de aprimoramento do desempenho em todas suas atividades, porque, nem pelo fato dos recursos serem governados pelo Estado, eles deixam de ser escassos, direta ou indiretamente, pelos seus fatores de produção.

Sendo o ser humano a chave final de todo desempenho destes sistemas, esta procura de crescente eficiência levou um número igualmente crescente de estudiosos a se concentrar na questão de como aumentar o desempenho do ser humano, quando ele participa de organizações. Para tanto, seria importante descobrir quais mecanismos geram a motivação nas pessoas, em termos da:

a) direção de seus comportamentos;

b) força que as propele rumo a tal direção;

c) persistência com que se comportam em tal rumo[54].

---

54. Esta decomposição da motivação em três fatores é a apresentada por JOHN P. CAMPBELL, MARVIN DUNETTE, EDWARD E.

b) O conceito de motivação

Os Profs. Campbell e Pritchard, ao estudarem o conceito de motivação, dizem que tentar associar à palavra "motivação" um estado físico ou um estado comportamental é um mau caminho para que se chegue ao conceito. Isto é, não recomendam a ligação entre o significado da palavra "motivação" e algo como "nível de depressão", grau de "esforço despendido", "nível de atividade" ou "grau de satisfação". Preferem, ao invés, conceituar motivação como um rótulo que identifique uma relação entre variáveis independentes e dependentes. Dentro da idéia que o início deste item introduz, Campbell e Pritchard relacionam desempenho à habilidade e à motivação, dizendo:

desempenho = função de (habilidade X motivação).

O desempenho, para tais autores, é uma medida de comportamentos voltados para a realização de certos objetivos. Elaborando mais o conceito, dizem que:

desempenho = função de (aptidão X nível de destreza ou preparo X entendimento da tarefa X escolha para despender esforço X escolha do grau de esforço X escolha da persistência X condições não controláveis pelo indivíduo).

Em resumo, para Campbell e Pritchard, motivação liga-se a um conjunto de variáveis independentes e dependentes que explicam a direção, amplitude e persistência do compor-

LAWLER III e KARL E. WEICK JR., em *Managerial Behavior, Perfomance and Effectiveness*, McGraw-Hill, 1970, p. 340.

tamento individual, mantendo-se constantes os efeitos da aptidão, destreza e preparo para a tarefa, bem como as condições do meio-ambiente.

c) Classificação das teorias sobre motivação

O exame dos mecanismos da motivação gerou, nos últimos vinte anos, um volume muito grande de pesquisas, escritos e teorias, de modo que tem sido necessário, aos que se preocupam em rever de maneira ordenada o campo existente de conhecimento sobre motivação, criar uma classificação sobre as teorias principais que investigam a motivação humana.

Em 1970, Campbell, Dunette, Lawler e Weick, quatro professores de Psicologia e Ciências Administrativas das Universidades de Minnesota e Yale, dos Estados Unidos, após um longo trabalho conjunto de pesquisas, patrocinado pela Fundação Smith Richardson, destinado a estudar a produção científica acerca da eficácia gerencial, criaram uma classificação das teorias sobre motivação, que é a mais aceita presentemente[55].

Esta classificação agrupou as teorias motivacionais em duas categorias: as teorias motivacionais de processo e as de conteúdo. As teorias de processo, em vez de definirem quais variáveis afetam a motivação, tentam explicar por quais processos estas variáveis se inter-relacionam. As teorias motivacionais de conteúdo se interessam menos pelos mecanismos de articulação existentes entre as variáveis que se ligam e mais pelas variáveis propriamente ditas: por isso é que os

---

55. Vide, a respeito, JOHN P. CAMPBELL e ROBERT D. PRITCHARD, "Motivation Theory in Industrial and Organizational Psychology", *in* MARVIN D. DUNNETTE, *Handbook of Industrial and Organizational Psychology*, p. 64.

autores citados as designaram genericamente de "teorias substantivas" ou "de conteúdo".

d) As teorias motivacionais de conteúdo

Quais são as principais autores das teorias substantivas ou de conteúdo, segundo Campbell, Dunnette, Lawler e Weick? São eles:

1) Maslow (II.1) com a sua teoria sobre a motivação humana[56] calcada no exame das necessidades básicas: as fisiológicas, as de segurança, as necessidades de pertencer e de ser amado, as necessidades de estima e de auto-realização. Maslow não estava interessado em esclarecer através de que processo a satisfação de tais necessidades geravam motivação e, sim, preocupado em caracterizar a existência destas necessidades, às quais, para ele, eram motivos determinantes do comportamento. Por isso sua teoria motivacional é classificada como sendo de conteúdo.

2) Herzberg (II.2) e seus fatores de higiene. Herzberg procurou definir os fatores de motivação em dois grupos[57]:
   1.º os fatores que chama "de higiene", em analogia ao emprego, em medicina, dos cuidados de preservação ambiental (limpeza, desinfecção) para evitar males possíveis; assim, o salário, a natureza da supervisão, as políticas da empresa, as condições de trabalho

---

56. Obra citada na nota 1 do Cap. II; em especial o Cap. 4, p. 35 da edição de 1970, "A Theory of Human Motivation".

57. Conforme obra citada na nota 15 (II,2); vide também FREDERICK HERZBERG, *Work and the Nature of Man*, Thomas Y. Crowell Company, 1966, Cap. 6, "The Motivation-Hyggiene Theory", p. 71.

são, para Herzberg, fatores motivacionais de higiene, isto é, devem ser atendidos para que a insatisfação não apareça;

2.º os fatores intrínsecos da motivação, ou que geram satisfação ("motivadores"), que ele identificou como sendo a realização, o reconhecimento, o trabalho em si próprio, a responsabilidade e o progresso. Desta maneira, a abordagem de Herzberg é, pela classificação ora em estudo sobre as teorias de motivação, uma teoria de conteúdo, pois, preocupada com as variáveis motivacionais e não com a mecânica de interligação.

3) McClelland (II.5), com seus "fatores n", agrupando as necessidades humanas ligadas à motivação em três conjuntos de motivos: os ligados à necessidade de realização, os ligados à necessidade de poder e os ligados à necessidade de afiliação. Estas três classes produzem satisfações quando suas necessidades são atendidas. Igualmente, como nos dois exemplos anteriores, a teoria de McClelland se classifica como substantiva ou de conteúdo.

e) As teorias motivacionais de processo

Dado que, no passado mais distante (século XVIII) as idéias de "racionalismo" e de *free will* eram predominantes, pouca atenção foi concedida pelos pesquisadores a questões tais como as do ser humano. As primeiras pesquisas ligadas aos processos de comportamento foram desenvolvidas em animais. Campbell e Pritchard citam Woodworth, em 1918, como o primeiro pesquisador sobre comportamento, ao procurar conceituar *drive* (atividade, impulso, energia com que alguém se dedica a uma atividade) e ao querer determinar quais fatores levam pessoas a serem mais ou menos ativas.

Até 1950, contudo, pouco se desenvolveram as teorias motivacionais de processo. Em 1951 o Prof. Kurt Lewin[58], dizem os autores citados, se constitui no primeiro teórico a criar um modelo explicativo sobre o comportamento humano, com sua "teoria de campo" (a qual será abordada no Cap. III deste livro). Em resumo, diz Lewin:

- O indivíduo possui uma estrutura de necessidades, envolvendo necessidades fisiológicas e psicológicas.
- Tais necessidades, por não estarem satisfeitas, criam um estado de tensão (idéia análoga à da tensão elétrica ou diferença de potencial) que faz com que o indivíduo atue (isto é, exerça ações) no sentido de reduzir tal tensão ao invés de satisfazer as referidas necessidades.
- Para tanto, o indivíduo tenta distinguir a atratividade de cada resultado que poderia ser obtido por cada ação, ligando-o à intensidade ou habilidade de reduzir a tensão. Esta propriedade, tal como é vista pelo indivíduo, é chamada por Lewin de "valência".
- A força com que o indivíduo se lança a uma tarefa ou para atingir um objetivo é resultante de uma combinação da necessidade de reduzir tensões com a atratividade ou valência daquele caminho.
- A ação passada e os dados anteriores acumulados pelo indivíduo servem de reforço positivo ou negativo ao comportamento do indivíduo apenas através

58. KURT LEWIN, *Field Theory in Social Science*, New York, Harper and Row, 1951; em verdade os trabalhos de Kurt Lewin se iniciaram bem antes, na década de 1930, conforme se estudará no Cap. III deste trabalho.

de sua percepção de cada caminho, ou seja, através da "valência".

Um outro marco no campo dos antecedentes das teorias motivacionais de processo, segundo Campbell e Pritchard, é dado por Skinner, cuja posição é diferente da de Lewin, pois sua base se situa na teoria do reforço; para ele[59], o comportamento humano pode ser explicado e previsto através da possibilidade que um indivíduo tenha sido exposto ou não a situações similares no passado.

Após tais antecedentes (Lewin, Skinner), o principal trabalho surgido sobre as teorias motivacionais de processo foi o de Vroom, que já estudamos e, para efeito de comparação, vem aqui resumido:

- A força que leva uma pessoa a escolher um caminho ou a executar uma tarefa é uma função de duas variáveis:
  - da valência ou o valor percebido de resultados decorrentes do caminho escolhido ou da tarefa feita;
  - da expectativa ou crença de que o comportamento adotado levará à obtenção de tais objetivos ou resultados.

Por sua vez, a valência de um dado caminho é função do produto de todos os resultados decorrentes desse caminho pelas suas instrumentalidades, sendo a instrumentalidade uma medida de que um certo objetivo "meio" conduza ao objetivo seguinte, visto como "fim".

59. B. F. SKINNER, *Walden II*, New York, McMillan, 1948.

Ao trabalho de Vroom seguiu-se já uma série de outros modelos explicativos do comportamento humano, ressaltando-se os de Graen (1969), o de Porter e Lawler (1968), o de Lawler (1971, 1973) e outros. Os modelos mais recentes introduzem a idéia de realimentação, tirada da teoria de sistemas.

II.10. *Conclusões da Escola Comportamental*

O Cap. II deste estudo foi dedicada ao exame do que a literatura de Teorias das Organizações convencionou chamar de "Escola Comportamental". Seu enfoque básico é dirigido ao estudo do indivíduo como participante das organizações, quer examinado isoladamente, quer examinado em sua atuação grupal. Esta escola busca estudar o esquema das necessidades do indivíduo, a mecânica de sua motivação, suas inter-relações com os demais indivíduos e com a estrutura formal. O objetivo colocado pela eficiência organizacional não fica esquecido, porém é visto pelos teóricos das Ciências Comportamentais, principalmente, como decorrente da eficiência individual: o ser humano rumo aos seus alvos pessoais, tentando compatibilizá-los ou pelo menos conciliá-los com os da organização, dependendo dela para atingi-los, com ela contribuindo para poder sobreviver dentro de sistemas mais amplos que os seus, satisfazendo assim suas particulares necessidades.

Esta corrente de estudiosos de administração, hoje bastante forte e atuante, representa a contribuição derivada dos psicólogos e sociólogos para o entendimento das organizações e significa, de certa maneira, uma reação ao completo esquecimento do homem e de suas questões fundamentais, pelos estudiosos clássicos.

O mérito desta abordagem comportamental é inegável e é forçoso reconhecer suas contribuições, pelo menos em três sentidos:

(i) no estudo do indivíduo propriamente dito e de seus mecanismos básicos, bem como na divulgação desses conhecimentos na área dos estudiosos de organizações;

(ii) no melhor entendimento das relações indivíduo--organização-ambiente; e, finalmente,

(iii) no estudo da contribuição mais ampla sobre os propósitos maiores da sociedade em que vivemos, do papel das organizações e, portanto, no entendimento da razão última desta sociedade: o indivíduo. Desta maneira, o estudo das organizações torna-se mais maduro, aproxima-se mais das Ciências Sociais e Políticas e passa a ser investigado por outros especialistas, tais como os cientistas políticos, os psicólogos, os sociólogos.

Evidentemente, o que fica ainda por pesquisar tem a dimensão do infinito, sendo, portanto, igualmente infinitas as possibilidades e caminhos para o avanço. Mas é importante que, olhando-se para trás, se tenha a visão do que já foi feito, pesquisado e escrito nesta área relativamente nova de conhecimentos, para que se possa prosseguir avante, rumo a melhores relações, a melhores padrões sociais da vida global.

III. DESENVOLVIMENTO ORGANIZACIONAL

III.1. *Introdução ao Estudo do D.O.*

A terceira parte deste trabalho tem como objetivo apresentar as idéias gerais de uma nova corrente[1] de estudiosos, agrupados em torno do que se convencionou designar por "desenvolvimento organizacional" ou, abreviadamente, D.O.

O campo de atuação original desta nova corrente foi precisamente a área comportamental, portanto ligada ao estudo da participação dos indivíduos e grupos nas organizações. Porém, como veremos adiante, a idéia se alastrou, deixando os limites do estudo das mudanças organizacionais

---

1. O termo "novo" é sempre relativo. Como veremos mais adiante, o movimento de D.O. tem suas origens nos trabalhos de Kurt Lewin, iniciados na Universidade de Iowa, em 1937. Contudo, a idéia de "mudança organizacional" começa a adquirir corpo nos anos 60. São exemplos os trabalhos de P. R. LAWRENCE, *The Changing of Organizational Behavior Patterns*, Cambridge, Mass. Harvard Press, 1958; R. GUEST, *Organizational Change*, Homewood, Illinois, Irwin, 1962; e W.C. BENNIS, A New Role for the Behavioral Sciences: Effecting Organizational Change, *Administrative Science Quarterly*, n. 8, 1963, pp. 125-165.

através do indivíduo e do grupo. As mudanças passaram também a ser investigadas a partir das alterações das estruturas orgânicas das empresas; a partir dos processos internos de atuação das organizações; a partir do estudo do meio ambiente no qual as organizações se inserem e de suas trocas com este ambiente.

Foi então a combinação deste ganho de abrangência, aliado à importância intrínseca do "desenvolver" a organização, somado ainda o efeito catalítico da própria explosão das ciências do comportamento no campo das organizações, que acarretou o extraordinário crescimento e a atual importância desta corrente chamada D.O. É pela razão histórica de seu aparecimento original que alguns autores ainda apresentam D.O. dentro do campo da visão comportamental das organizações, área que foi seu nascedouro. Mais tarde, com os estudos das influências recíprocas entre as organizações e o ambiente, com a pesquisa dos modelos de mudança que as organizações poderiam desenvolver, o D.O. extravazou totalmente o campo do indivíduo e do grupo.

É nesta visão mais ampla que, portanto, recomendamos ao leitor encarar o D.O.

III.2. *As Origens do D.O.: a Dinâmica de Grupos e a Teoria do Campo de Kurt Lewin*

A literatura aponta as origens do atual movimento do D.O. como baseada nos estudos de dinâmica de grupo de Kurt Lewin[2], publicados em 1939.

---

2. Ver, a propósito, ERNEST DALE, *Management, Theory and Practice*, International Student Edition, McGraw-Hill Book, 1965. Ver ainda KURT LEWIN, RONALD LIPPITT e RALPH K. WHITE,

Lewin, desde 1935[3], já se preocupava com o estudo da personalidade e de sua dinâmica; mas foram principalmente as experiências para exame dos comportamentos grupais de crianças, em atmosferas sociais criadas, feitas no decorrer dos anos 1937-1939, juntamente com Lippitt e White, que tornaram mundialmente conhecida a Teoria de Campo destes autores americanos.

Os pesquisadores estavam interessados em observar o comportamento individual e grupal, através de ambientes simulados para diversos grupos de 5 crianças, cujos perfis psicológicos haviam sido previamente estudados, no sentido de que os grupos fossem entre si comparáveis. As atmosferas eram artificialmente criadas pela conduta dos líderes adultos de cada grupo e, às vezes, pela introdução (planejada) de um estranho. Três tipos de ambientes foram assim criados, todos os grupos passando pelos três: o ambiente autocrático, o democrático e o *laissez-faire*. As suas condutas eram as seguintes:

a) *Para o ambiente autocrático*

- o líder fixa as políticas;
- as técnicas e atividades são ditadas pela autoridade, de maneira programada;
- a atenção do líder é individual e cobre cada passo de cada membro do grupo;

Patterns of Agressive Behavior in Experimentaly Created Social Climates, *The Journal of Social Psichology*, 1939. Um apanhado deste artigo pode também ser encontrado em *Organization Theory*, Penguin Modern Management Reading, D. S. Pubh, 1971, p. 230.

3. K. A. LEWIN, *Dynamic Theory of Personality: Selected Papers*, translated by D. K. Adams e K. E. Zener, McGraw-Hill, 1935.

- o líder é pessoal na aprovação ou crítica do trabalho; seus critérios não são justificados.

b) *Para o ambiente democrático*

- todas as políticas são discutidas e decididas em grupos, estimulada a discussão pelo líder;
- o líder dá recomendações e orientações geral para a fixação das metas e uso de técnicas, se necessário, sugerindo alternativas;
- os membros do grupo escolhem livremente;
- o líder comporta-se de maneira objetiva e fatual nas avaliações, procurando justificá-las.

c) *Para o ambiente* laissez-faire

- completa liberdade individual e grupal;
- o líder limita-se a suprir o grupo com materiais de trabalho e dar informações se procurado;
- ele não participa das atividades ou de suas distribuições;
- ele não comenta ou avalia os trabalhos.

Durante o desenvolvimento das experiências, os grupos de crianças foram cuidadosamente observados através de métodos tais que seus comportamentos pudessem ser registrados, sem que fossem influenciados. As ações agressivas, intra- e intergrupos, foram medidas e comparadas para cada tipo de atmosfera criada. Em certas fases, elementos exógenos ao grupo foram introduzidos: por exemplo, num caso, um estudante adulto, disfarçado de varredor, varrendo a sala durante a reunião do grupo na ausência do líder, provocava os participantes sucessivas vezes para que o comportamento conseqüente pudesse ser registrado.

Deste conjunto de experiências, uma série de conclusões foram tiradas:

1) *Agressão e apatia* (caráter bimodal da agressividade)

O comportamento dos grupos submetidos a climas autoritários revelou ou níveis muito altos de agressão ou, pelo contrário, níveis muito baixos, inferiores aos dos grupos democráticos (cujos indicadores de agressividade sempre foram médios). A agressão foi explicada como decorrente de uma ruptura emocional causada por tensões; a apatia foi vista como uma forma na qual a agressão fica confinada e bloqueada.

2) *Tensão*

O bombardeamento, a pressão, o bloqueio do líder autocrático gerava tensão nas crianças, entendida esta como uma pressão interna. Esta tensão foi apontada como causa dos comportamentos agressivos ou do paradoxo da apatia. Nos grupos submetidos à liderança democrática, estas tensões eram sempre mais brandas, resultando em menores níveis de agressividade. Nos grupos *laissez-faire*, as ações agressivas eram comparáveis às dos grupos autocráticos; a explicação dos autores de que nestes grupos seus participantes acabam se tornando aborrecidos e dominados por um generalizado sentimento de falta de realização.

3) *Metas individuais e frustração*

A tensão que sistematicamente surgia nos grupos submetidos à liderança autoritária é explicada também pela frustração sentida pelos participantes, ao perceberem limitações impostas, que lhes impedem de atingir seus desejos e metas pessoais. Uma atmosfera autocrática, montada por repressão, pode barrar e reduzir a níveis muito baixos a agressão; contudo, na ausência do líder, repentinamente o ambiente pode tornar-se explosivo; a tensão contida vem à tona, extravasando-se violentamente.

A partir de suas conclusões, Lewin e seus colaboradores desenvolveram a Teoria de Campo[4] sobre dinâmica de grupos, a qual pode ser resumida no seguinte:

a) A vida em grupo implica em exercer e sofrer constantemente pressões por parte dos outros membros do grupo e por parte de outros grupos.

b) A meta "G", de máxima posição social e de "espaço de liberdade", pode ser atingida de várias maneiras por um participante qualquer do grupo.

c) Em grupos submetidos a padrões autoritários, esta meta "G" é obtida por uma dominação agressiva dos demais, o que induz a reações igualmente agressivas dos demais componentes, do grupo.

d) Se houver, no grupo de liderança autoritária, uma forte política repressiva, ela poderá levar à obediência submissiva na presença de tais mecanismos.

---

4. A expressão "Teoria de Campo", utilizada por Kurt Lewin, decorre do fato de que este autor estudou as relações entre os indivíduos e os grupos como sendo compostas por forças, quer motoras, quer restritivas, atuando em determinados sentidos, representadas geometricamente por vetores. As pessoas, exercendo e sofrendo pressões de tais forças, teriam suas ações limitadas por "barreiras" ou "paredes" criadas pelos líderes, pela organização formal, pelas estruturas organizações e pelo ambiente social; assim, cada indivíduo teria seu campo limitado geometricamente por áreas, às quais ficaria restrito pela ação composta destas forças.

e) No grupo autoritário a sua estrutura rígida fixa e delimita o campo de ação de cada participante; a região central da vida do grupo, ligada à formulação de suas políticas, é bloqueada e, portanto, inacessível à maioria dos participantes do grupo. Cada indivíduo tem exatamente fixado os limites de seus movimentos (seu campo de ação ou *"jurisdição"*).

f) Na liderança democrática o papel do líder é obtido pelo reconhecimento de sua competência por parte dos demais. Neste tipo de liderança, as políticas gerais são fixadas através de discussões abertas com os participantes do grupo e mediante um critério de escolha (o voto e a maioria, por exemplo, ou a unanimidade). O espaço vital de cada participante é maior do que no modelo autoritário, sendo a ele acessíveis também as demais regiões de domínio do grupo.

Comentando mais tarde os experimentos de Lewin, dizem Cartwright e Zandler[5]: "A época e o aparecimento da dinâmica de grupo não foram acidentais", caracterizando-a como uma rebelião empírica na Psicologia e na Sociologia realizada nos difíceis anos da década de 30. Kurt Lewin, psicólogo judeu-alemão nascido em 1890, emigrou para os Estados Unidos alguns anos antes de estourar a Segunda Guerra Mundial. A sociedade americana da década de 30 estava fortemente interessada em estudar a mecânica do surgimento do comportamento democrático, favorecendo

---

5. DOWIN CARTWRIGHT e ALVIN ZANDLER (orgs.), *Group Dynamics Research and Theory*, Row, Peterson and Company, N. York, 1953; tradução para o português, 1967, Editora Herder, São Paulo, *Dinâmica de Grupo*.

assim suas experiências no "Child Welfare Station" da Universidade Estadual de Iowa, que mais tarde se tornaram clássicas.

Atualmente, contudo, sabe-se que a abordagem de Lewin foi incompleta porque se limitou ao estudo das interações indivíduo-grupo, sem se preocupar com as trocas com o meio-ambiente e as mutações daí decorrentes. Contudo, como a ciência caminha passo a passo, a importância destes estudos não deve ser diminuída pelo seu caráter parcial.

III.3. *As origens do D.O.: o Treinamento de Sensitividade*

Os estudos de Lewin, Lippitt e White sobre padrões de comportamento grupal tornaram-se importantes nos trabalhos sobre as organizações. Lewin passou a ser visto, neste campo, como um defensor da liderança democrática, entendida como a mais conveniente quanto ao clima formado, ao nível de satisfação dos participantes, à menor taxa de agressividade, ao desempenho do grupo em relação aos seus objetivos, quer em relação à conduta autocrática, quer com relação ao *laissez-faire*.

Destes estudos nasceu a Escola da Dinâmica de Grupo, cuja filosofia repousa sobre a idéia de que o comportamento grupal pode ser moldado e conduzido rumo aos padrões democráticos. Porém, entre o movimento da dinâmica de grupos e a corrente do D.O., localiza-se historicamente um estágio intermediário, o do "T-Group", ou "Sensitivity Training".

De fato, a idéia "T-Group" desenvolveu-se a partir dos experimentos de estudos grupais de Lewin, feitos com crianças, para a aprendizagem vivenciada por adultos através de experimentação, surgindo os primeiros grupos com Benne e Gibb, em 1947, no National Training Laboratory de Bethel, Maine

— EUA[6], sendo também tal idéia divulgada a partir de 1954 por Tannenbaum[7] e colaboradores.

A técnica dos "Grupos T" consiste na tentativa de mudar padrões de comportamento grupal através de seções vividas por 10 a 15 pessoas; por exemplo, executivos de uma empresa que se reúnem na presença de especialistas em comportamento humano (psicólogos, psiquiatras, sociólogos). A mecânica das reuniões é originalmente não apresentar agenda, instruções ou procedimentos. O grupo de pessoas colocado em uma sala é assim deixado sem que os líderes formais se manifestem. Logo alguém fala algo sob um tema qualquer. A discussão começa e, não raramente, depois de algum tempo, o ambiente está "fervendo". Aí os especialistas, tirando proveito das situações criadas, começam a forçar os participantes a se auto-analisarem e a entenderem a mecânica das relações e comportamentos grupais. Espera-se assim que a eficácia do grupo aumente, através da melhoria dos processos de comunicações e decisão.

O treinamento através dos "Grupos T" tornou-se moda entre os executivos americanos, com os laboratórios de sensitividade multiplicando-se pelo país e, posteriormente, por outras nações do mundo industrializado ocidental.

Quais são as críticas que hoje se faz à técnica dos "Grupos T"? Comentários interessantes são mencionados por

---

6. Cf. *T-Group Theory and Laboratory Methods*, N. York: John Wiley, 1964.

7. ROBERT TANNENBAUM, VERNE KALLEJIAN e IRVING R. WESCHLER, "Training Managers for Leadership", *Personnel*, v. 30, n. 4, jan. 1954. Citado em ROBERT TANNENBAUM, IRVING R. WESCHLER e FRED MASSARIK, *Leadership and Organization*, N. York, McGraw-Hill, 1961, Cap. 9. Tradução para o português pela Editora Atlas S/A., *Liderança e Organização*, 1970.

Bennis[8]. Este autor acha que o treinamento de sensitividade é discutível como método de educação, mencionando alguns casos de fracassos reais. Para Bennis estes fracassos podem ocorrer quando:

1. Não houver legitimidade para a mudança dos comportamentos individuais, em função da organização formal. Isto significa que deveria previamente ocorrer a aprovação da direção da empresa para o método de treinamento.
2. Deveria existir congruência entre os processos da organização e os que o treinamento objetiva atingir; caso não haja esta congruência, poderá haver um choque entre a cultura da organização e os padrões visados pelo treinamento.
3. Os participantes deveriam estar voluntariamente preparados para se expor ao programa de treinamento, aceitando a influência interpessoal nele desenvolvida.

Estes programas de treinamento recebem dos indivíduos que deles participam comentários que, no aspecto de crítica, caem nas categorias seguintes: levam à nudez psicológica do indivíduo, que pode absolutamente não ser (para ele), conveniente e/ou não ser por ele aceita; são por demais desestruturadas; constituem "pura perda de tempo".

Apesar destas críticas, é surpreendente o desenvolvimento e expansão que o treinamento de sensitividade teve nos Estados Unidos e fora dele. Neste aspecto, a opinião

8. In WARREN G. BENNIS, *Organization Development*, Addison Wesley Company Insc., 1969. Tradução para o português, *Desenvolvimento Organizacional*, Ed. Edgar Blücher, 1972; vide Cap. 5: o problema do "Treinamento da Sensitividade".

de Argyris[9], em artigo escrito especialmente sobre os "Grupos T", é de que, com a diminuição da competência interpessoal, como aumento do conformismo, desconfiança e dependência, a eficiência da empresa cai. Então, o relacionamento humano induzido pelo treinamento de sensitividade pode melhorar o comportamento relevante, quer seja ele racional, quer seja interpessoal, tornando inclusive os comportamentos emotivos mais controláveis. Para Argyris, "a racionalidade dos sentimentos é tão essencial quanto a da razão".

O que ficaria ainda restando para o leitor meditar é a opinião de que "a nudez psicológica", a que o método pode levar, não foi necessariamente montada para o benefício pessoal do participante e sim para a sua ação e eficácia enquanto parte de uma organização formal.

Do ponto de vista das organizações, esta abordagem de mudança de comportamento, se de um lado acreditada e entendida como importante, não tardou em ser percebida como incompleta. As mudanças organizacionais, caso desejadas, não deveriam limitar-se à abordagem comportamental: fatalmente estariam interligadas a questões relacionadas aos objetivos formais das organizações, às questões dos processos e estruturas utilizados para atingir tais objetivos e, finalmente, às questões do meio-ambiente e sua ligação com as organizações.

III.4. *A Abordagem mais Ampla: o Desenvolvimento Organizacional, Segundo Lawrence e Lorsch*

Da perspectiva mais ampla de mudança nas organizações surge a atual corrente do desenvolvimento organizacio-

---

9. CHRIS ARGYRIS, "T-Group for the Organizational Eficiency", *Harvard Business Review*, 42, 1964, pp. 60-72.

nal, sendo marco desta transição os trabalhos de Bennis[10] e de Lawrence e Lorsch; estes últimos autores, ambos da Universidade de Harvard, publicam em 1967 um estudo sobre as empresas e o meio-ambiente [11], mostrando a inadequação das abordagens que não consideram este meio. É a partir deste estudo que, em 1969, saem publicadas suas idéias sobre o D.O.[12].

(a) *Objetivo do desenvolvimento organizacional*

Para Lawrence e Lorsch, o objetivo do D.O. é encontrar modos de, saindo do estado existente, conduzir a organização para um estado desenvolvido (embora os autores não o ressalvem, seus conceitos se dirigem para a empresa com fins econômicos, especificamente).

Este esperado desenvolvimento visa gerar um excedente de recursos para a organização, de modo a garantir a sua sobrevivência e o seu crescimento, dizem eles. Ao assim pensarem, equiparam o crescimento à importância da sobrevivência, qualificando, na linha das *metas finais* ou *fundamentais*, o binômio segurança e crescimento das organizações.

---

10. WARRIS G. BENNIS, New Role for the Behavioral Sciences: Effecting Organizational Change, *Administrative Science Quartely*, 8, 1963, pp. 125-165; *Changing Organizations*, N. York: McGraw-Hill, 1966 — existe tradução para o português.

11. PAUL R. LAERENCE e JAY W. LORSCH, *Organization and Environment*, Harvard Press, 1967; tradução para o português, *As Empresas e o Ambiente*, Rio de Janeiro, Editora Vozes, 1973.

12. PAUL R. LAWRENCE e JAY W. LORSCH, *Developing Organizations: Diagnosis and Action*, Addison Wesley Co., 1969; tradução para o português, *O Desenvolvimento de Organizações: Diagnóstico e Ação*, São Paulo, Ed. Edgar Blücher, 1972.

(b) Conceito de organização

Para estes estudiosos do desenvolvimento organizacional, o conceito de "organização" (cujo termo às vezes utilizam em outro sentido, como sinônimo de empresa) liga-se à idéia de *transações planejadas* com o meio-ambiente[13]:

> Organização é a coordenação de diferentes atividades de contribuintes individuais com a finalidade de efetuar transações planejadas com o ambiente.

Pensando desta maneira, Lawrence e Lorsch querem fazer distinção entre a organização e um sistema não-planejado e não-coordenado que, para eles, seria regido pelo acaso, sendo visto, portanto, como antítese da organização[14].

A base da organização repousaria então em duas atividades fundamentais: a *diferenciação* e a *integração*. A diferenciação decorreria da divisão do trabalho, quer entre indivíduo (pessoas especializadas), quer entre grupos (funções especializadas), e estaria ligada à crescente complexidade das coisas e conhecimentos; destes últimos, suas variedades são tão intensas que se torna impossível todos saberem tudo: quanto maior a variedade, maior o fracionamento entre diferentes especialistas.

Esta variedade é, ademais, mutável, de empresa para empresa, e é também mutável no tempo, na medida em que

---

13. Obra citada na nota 54 (Cap. II), página 3 da edição em português.

14. Para o leitor, a fim de não confundir o conceito de "Organização" como sinônimo de "empresa", convém pensar em "sistema organizacional" em lugar da palavra "organização", sempre que o conceito for enunciado dentro desta última idéia.

as características do meio-ambiente com que a empresa se defronta se alteram elas próprias[15].

A integração pode ser entendida como um processo que é conseqüente do fato de que a diferenciação é necessária e existe: quanto mais diferenciadas são as tarefas de pessoas e grupos funcionais, quanto mais pessoas e grupos diferenciados uma empresa possuir, tanto mais intenso será (ou melhor, deverá ser) o esforço para *coordenar* o conjunto (isto é, harmonizar as funções diferenciadas, ou seja, integrá-las).

O montante de integração necessário depende também de quão entrelaçadas são as unidades, ou atividades, dos grupos e pessoas da organização. Como, nas empresas de hoje, cada vez mais cresce a interdependência funcional, o montante de esforço de integração tende também a crescer. Esta integração se faz não só pela hierarquia clássica mas, também (e cada vez com mais freqüência), através de coordenadores, integradores, grupos-tarefas ou, como chamam Lawrence e Lorsch, equipes do tipo *cross-units*.

(c) *Visão da organização como sistema*

Lawrence e Lorsch entendem que a organização é um sistema de unidades que, sendo entre si diferenciadas, requerem integração para proporcionarem os resultados esperados em suas trocas com o ambiente em que se situam (ambiente "relevante", conforme designam).

15. Citando W. Buckley, Lawrence e Lorsch mencionam ter este autor designado como "propriedade morfogênica" a capacidade que possuem as organizações (vistas como sistemas sociais) de se automodificarem em função do confronto entre os resultados desejados e os efetivamente obtidos (W. BUCKLEY, *Sociology and Modern Systems Theory*, N. Jersey, Englewood Cliffs, 1967).

O sistema organizacional efetua uma série de transações com este ambiente através de diferentes unidades, grupos funcionais e pessoas. Estas transações visam, quer a obtenção dos recursos necessários ao desempenho da empresa, quer o fornecimento de recursos desejados pelo ambiente e cedidos pelo sistema.

O conjunto de metas do sistema leva ao planejamento da diferenciação das atividades que serão executadas. O elemento humano entra como componente do sistema, aumentando sua complexidade porque, vindo de fora do sistema organizacional, traz consigo "predisposições não-planejadas"[16]. É preciso ressalvar que o indivíduo, importante contribuinte da organização, não só vem de fora como também está permanentemente fora da mesma, embora dela participe.

(d) A idéia básica de desenvolvimento organizacional

Da somatória de milhares de atividades diferenciadas, integradas através da estrutura organizacional, resulta um desempenho efetivo; se este desempenho real for confrontado com as metas originais, as divergências (as relevâncias) serão obtidas e então será possível caracterizar e montar um processo de desenvolvimento organizacional para gerar os recursos excedentes objetivados pela empresa.

16. Os autores querem, por certo, referir-se à estrutura de propósitos do indivíduo em si, que não é objeto do sistema organizacional mas que não deixa de afetá-lo. Neste ponto, seus conceitos correspondem ao de Chester Barnard que, ao reconhecer que o sistema cooperativo depende de indivíduos, embora tenha propósitos formais distintos, deve, para sobreviver, manter dois processos simultaneamente: o de entender o sistema como um todo e o processo ligado à satisfação dos indivíduos. Analisar e gerir estes dois processos seria, para Barnard, a função do executivo (CHESTER BARNARD, obra citada, nota 14, Cap. I, p. 216 da edição de 1968 em inglês).

Para Lawrence e Lorsch isto se faz atuando em três frentes internas: recursos humanos, planejamento de tarefas diferenciadas e planejamento de uma estrutura integradora para comunicações e decisões.

(e) *Etapas do desenvolvimento organizacional*

Lawrence e Lorsch mencionam cinco passos que devem ser cumpridos para o D.O.:

1. Elaborar uma análise da organização, seus participantes, suas tarefas e suas trocas com seus ambientes, com vistas a *prescrever* quais as características organizacionais que se ajustariam à empresa ("prescrição normativa").
2. Fazer um diagnóstico do estado atual da organização, especificando sua atual diferenciação e atual integração, seus indivíduos, seus conflitos (o diagnóstico daria uma "fotografia" do estado atual da organização).
3. Elaborar um planejamento da ação de mudança através de ações intervencionistas, quer dirigidas aos indivíduos, quer dirigidas à estrutura, quer dirigidas à estratégia básica de transações da organização com o ambiente.
4. e 5. Implementar e avaliar constantemente os efeitos das intervenções efetuadas, reorientando as ações se necessário.

Ao operacionalizarem suas teorias de desenvolvimento organizacional, Lawrence e Lorsch aplicam as etapas a três defrontações que são, por conveniência de abordagem, investigadas isoladamente: são elas, 1.ª as defrontações entre a organização e o ambiente, 2.ª entre grupos e entre o indivíduo e 3.ª organização, a seguir examinadas resumidamente.

(1.ª) *Defrontação entre a organização e o ambiente:* é assim designado o mecanismo de trocas com o ambiente, o qual cria as condições básicas para as empresas sobreviverem e crescerem. Estas trocas se fazem através de diversos segmentos da fronteira organização/meio ambiente — por exemplo, numa indústria o setor de vendas relaciona-se com clientes; o setor de compras com fornecedores; o setor financeiro com entidades de crédito, bancos e clientes; o setor industrial com fornecedores de equipamentos e matérias-primas, a direção com órgãos representativos de classes e com o Governo etc. A idéia central do desenvolvimento organizacional, nesta primeira defrontação, é identificar a natureza e a qualidade destas trocas, com vistas a, essencialmente, melhorá-las em benefício da eficácia do sistema organizacional.

Nesta defrontação assume particular importância o grau de certeza das informações necessárias. Quanto maior for a variabilidade do meio-ambiente, tanto maior o grau de incerteza (menor o grau de certeza) e, portanto, maior deverá ser a busca de informações sobre as áreas relevantes do ambiente. Ambientes extremamente variáveis necessitam organizações flexíveis, com informações coletadas e processadas com rapidez; como conseqüência, as ações se orientam para a realização a curto prazo, o que obriga a planejar constantemente e rever tais ações numa perspectiva temporal de longo prazo. Ao contrário, ambientes estáveis conduzem a formas mais rotineiras (e sistematizadas) de comportamentos, dando origens a sistemas igualmente mais estáveis.

A identificação dos segmentos de ambientes, das transações efetuadas, das variabilidades envolvidas, permitirá melhorar a qualidade das trocas e, portanto, a eficácia global.

(2.ª) *Defrontação entre grupos:* o desempenho final da organização depende também da maneira como os grupos se relacionam entre si. Para exemplificar, os resultados de uma indústria dependem da integração adequada entre os seus grupos funcionais clássicos: setor de produção, setor de finanças e setor de vendas. O montante e a qualidade de integração a ser produzida dependerão do grau de diferenciação existente entre eles, o qual, por sua vez, é função da certeza/incerteza das trocas de cada grupo com o ambiente e com os demais grupos. O maior empecilho à integração de grupos, para Lawrence e Lorsch, reside nos conflitos entre os próprios grupos, realçando a necessidade de integração. A criação de funções integrativas, realizadas por pessoas que tenham pontos de vista equilibrados e influência baseada em competências profissionais reconhecidas, é a estratégia adotada para o desenvolvimento organizacional nesta defrontação. Tenta-se resolver os conflitos intergrupais pela confrontação através destas funções integrativas.

(3.ª) A última defrontação investigada é a que ocorre entre o *indivíduo e a organização*. Os autores consideram que, entre todas, esta é a mais importante defrontação para o sucesso das organizações. É que, apesar da larga disponibilidade de conceitos e teorias para lidar com esta questão, os administradores não conseguem ver senão seus sintomas, não atingindo suas causas. A alegação de que alguém não trabalha por falta de motivação, usualmente não é verdadeira: a pessoa normalmente tem motivação, porém está dirigida para outras coisas — às vezes até para o propósito firme de não contribuir para a empresa. Para resolver as questões desta defrontação, passa então a ser importante a aceitação e o entendimento de uma teoria sobre motivação.

Na escolha deste modelo sobre motivação, Lawrence e Lorsch se situam no âmbito dos conceitos de Schein, ligados à idéia do "homem complexo"[17]: o indivíduo é entendido como um sistema complexo, que tem que atender certos requisitos de natureza biológica e outros de natureza psicológica, ligados a estruturas de percepções, valores e motivos. Estas estruturas desenvolvem-se ao longo do tempo, sendo, num dado momento, resultantes de todas as influências passadas[18].

Conforme dizem os autores, são os diferentes padrões internos de percepções e motivos (existentes em distintos indivíduos) que levam as pessoas a reagirem de diferentes maneiras quando submetidas às mesmas condições ambientais. Digamos, em palavras simples: alguns fogem da dificuldade, outros a enfrentam, cada qual à sua maneira, outros as ignoram, simplesmente.

Para que o leitor não perca o fio da meada, recapitulamos: Lawrence e Lorsch se dispõem a estudar a terceira defrontação que, para o desenvolvimento das organizações, é possivelmente a mais importante. Esta terceira defronta-

---

17. Conforme visto em II.7.

18. O conceito de Schein, neste ponto, praticamente reproduz a idéia de Chester Barnard de que o "comportamento dos indivíduos é o resultado de fatores psicológicos, os quais significam as combinações resultantes ou resíduos de influências físicas, biológicas e sociais que determinaram a história e o estado presente do indivíduo em relação ao seu ambiente atual". (Obra citada, p. 13, 30.ª edição americana).

ção ocorre entre o indivíduo e a organização. Para entendê-la, então, é necessário adotar um modelo explicativo da conduta das pessoas. Este modelo é o do "homem complexo" de Schein, já explicado anteriormente. E como a organização pode desenvolver (isto é, melhorar, aperfeiçoar) esta defrontação? Segundo os autores citados, trabalhando dois aspectos:

— Alterando os sistemas de percepção do indivíduo através da influenciação das percepções pessoais, de modo a adequá-las às coisas que a empresa pode oferecer em troca; isto significa, em resumo, "trabalhar" o indivíduo em termos de fazê-lo aceitar como bom o que a empresa pode e tem a oferecer.

— Alterando os elementos organizacionais (isto é, os ligados à organização), de modo a adequá-los melhor às expectativas do indivíduo quanto às suas necessidades.

Como Lawrence e Lorsch realçam, o desenvolvimento organizacional, nesta terceira defrontação, procura *ajustar* a organização à pessoa e esta à organização.

(f) *Conclusões*

Em nosso entender, o mérito da obra de Lawrence e Lorsch sobre o desenvolvimento das organizações está fundamentado em duas considerações:

— A primeira decorre do fato de que, para operacionalizarem o seu método, os autores levam em conta as variáveis da própria organização, isto é, as variáveis do ambiente, além das variáveis do indivíduo. A nosso ver, pretender mudar a organização (ou melhor, o seu desempenho global), atuando-se apenas

sobre o indivíduo e sua estrutura psicológica, é atirar em um só dos três alvos –, aliás, o mais difícil dos três quanto às chances de acertar e obter "pontos".
– A segunda diz respeito à ênfase que os autores dão ao diagnóstico de cada caso em particular, realçando o fato de que, para eles, não há uma "única maneira"[19] de se organizar a empresa, conforme seria o entendimento dos autores clássicos.

Embora a obra analisada não seja completa (a rigor, nenhuma o é), nós a consideramos um marco na literatura de organização.

III.5. *Conclusões do Estudo de D.O.*

O Cap. III deste livro, voltado para o estudo de como desenvolver – fazer crescer, aprimorar as Organizações – representa talvez o mais importante e novo campo das teorias aplicadas à gestão de empresas. É curioso notar que nasce ele do estudo do comportamento humano e de suas interações com os subsistemas da organização, mas evolui para abranger os demais aspectos: a "estrutura" (isto é, o arcabouço, o "esqueleto") da empresa; o "fluxo" das coisas e dos fatos, isto é, os sistemas "vivos" da Organização, ou seja, seus processos; e também o "ambiente" relevante no qual ela se insere, a saber, o seu "entorno", a sua vizinhança, o seu referencial de relações externas. Então, a passagem de

---

19. Obra citada.

A) * D.O., apenas como mudança orientada do comportamento humano;

para

B) * D.O. como mudança orientada global,
    — do comportamento;
    — das estruturas;
    — de seus sistemas;
    — das relações com o ambiente;

e também

— da estrutura de propósitos da Organização,

esta passagem é que enriquece a importância do Desenvolvimento Organizacional, tornando o seu enfoque uma nova corrente dentro das Teorias Organizacionais. É interessante também observar que, na medida em que ocorreu a passagem "A" para "B", as demais teorias das Organizações passaram a ser instrumentos para o "D.O.": por exemplo, as teorias de sistemas, as teorias motivacionais, os critérios de estruturação, e assim por diante, passam a ser "utilizados" pelo aplicador do "D.O." como meios de que irá se valer para atingir seus objetivos: mudar gradativamente a Organização — para obter maiores níveis de eficiência e eficácia[20] e, por-

---

20. Foi Chester Barnard (vide referência na nota 14, Cap. I) quem, pela primeira vez, em 1937, distinguiu *eficiência (efficiency)* de *eficácia (effectivity):* Enquanto a eficácia liga-se a ser ou não atingido o objetivo prefixado, eficiência, para Barnard, liga-se "à maior ou menor satisfação obtida pelas conseqüências não objetivadas da ação": "Marquei o gol mas torci o pé": eficaz e ineficiente. O conceito atual é parecido: a idéia de eficácia é a mesma (meta fixada, a ser

tanto, garantir sua sobrevivência como sistema organizacional. Este busca não só atingir suas metas mas também atingi-las bem. Neste sentido, o "agente" das mudanças atua, primeiro, percebendo e caracterizando o estado atual, elaborando um diagnóstico, detectando possíveis falhas e deficiências, os pontos fracos, portanto; estará atento também aos ângulos positivos, aquilo que a empresa tem de nitidamente bom, forte. É claro que o diagnóstico, isto é, sua elaboração, exige um elevado preparo acadêmico e uma forte e diversificada vivência empresarial; se esta for, por exemplo, uma indústria, o agente de mudança terá que analisar a parte de produção (e portanto a tecnologia usada pela empresa), a parte mercadológica, os aspectos econômico-financeiros, o "entorno" ou ambiente relevante para a empresa (por exemplo, seus concorrentes, seu setor de atuação, a influência do governo etc.), sua estrutura orgânica (cargos, funções, modelo estrutural), seus sistemas e processos organizacionais (como estão seus processos de comunicação, como toma decisões).

Feito o diagnóstico (o que, por si só não cura o doente, só caracteriza o mal ou males) vem a receita, que no D.O. é, de certa maneira, homeopática, no sentido de ser gradual, seqüencial; e aí é que residirá o "brilho" do agente de mudança, pois só após um razoável tempo (com freqüência) irão aparecer os resultados, que poderão ser "bons" (a "receita" foi boa) "maus" (os "remédios" pioraram o estado do doente) ou neutros (nenhum efeito foi produzido). A decisão ligada ao "processo" de aplicação do desenvolvimento organizacional também é importante: por onde começar, como aplicar as "ferramentas" da mudança, como e

atingida); porém idéia de eficiência liga-se ao esforço despendido (recursos empregados) para a consecução da meta fixada.

quem "trabalhar", isto é, motivar, convencer a cooperar com as alterações.

Esperamos ter conseguido neste resumo mostrar a importância desta nova corrente das Teorias Organizacionais bem como sua evolução da área "comportamental" (desde Kurt Lewin) para a área "global". Temos convicção que a importância de D.O. será crescente no caminho das teorias das organizações, área do conhecimento humano tão relevante para a solução dos dilemas básicos da humanidade, presos, como estão, a matizes econômicas e a eficiência.

IV. SUMÁRIO FINAL E CONCLUSÕES

Tenho dito, repetidas vezes, em vinte anos de vida empresarial (inclusive a algumas centenas de jovens) que o Brasil é um País magnífico. E o é por muitas razões: sua etnia, seu clima, suas dimensões, suas riquezas naturais, e, principalmente, sua larga, inestimada e fecunda potencialidade, são algumas. O manancial de tais valores a desenvolver, de tais riquezas a explorar, não me cansa de impressionar. A cada viagem que me vejo fazendo pelos rincões do Centro, do Norte, do Nordeste, do Sul, vejo novas coisas, novas descobertas, mil oportunidades, milhares de alternativas a serem exploradas, implementadas, latentes em suas possibilidades. E, aí, fico olhando o estado de tal desenvolvimento, na busca de respostas ativas a tal uso, a tal força potencial. Claro, muitas vezes a ação se faz presente, a criatividade é usada, novos negócios surgem, empregos se criam, vida econômica regional é criada, ativada e mantida. Mas em muitas outras situações, o potencial lá está, estático, clamando pelo seu uso, pedindo por competência, por aplicação. E aí, não se criam os recursos, não se gera a vida econômica, não se desenvolvem os negócios. É uma pena, pois a nação se ressente, a nível global, de tal impulso. Ela precisa superar seus problemas, quer de desigualdade de padrões de vida, desigualdade esta gritante em função de outros Países (alguns inclusive menos desenvolvidos do que o nosso), quer de desemprego ou subemprego, quer de endividamento externo, quer de educação, cultura, moradia, saneamente e mil outros pendentes e a resolver.

Olhando tal quadro, me pergunto se tudo é por culpa da falta de recursos, se tudo é por culpa do que se costuma rotular como "o Governo" (com freqüência, escuto expressões do tipo "eles deviam resolver isto", "eles deviam fazer aquilo"). Claro, recursos (econômicos, pressupomos) faltam, e, possivelmente, muito. Mas onde não estão eles faltando, de um modo geral, neste final conturbado de século, em que a mudança tecnológica é tão rápida, gerando novos anseios, hábitos e mais demanda de recursos adicionais? Faltam eles no Globo todo. Em Nova York, em Paris, em Varsóvia, em São Paulo, existem milhares de idéias, projetos e ações não iniciados, ou lentos no implantar, ou paralisados.

Se a questão-chave não é a escassez dos recursos, me pergunto, "então, o que é"? Minha resposta, depois de muita meditação, é a seguinte: falta-nos gestão, gestão competente, gestão cada vez mais eficiente. Minha reflexão prossegue: sempre que se fala em investir, fala-se na relação "custo-benefício", isto é, se raciocina em termos do que se gasta ("custo") *versus* o que se "obtém" ("benefício"). Ora, eu creio (é uma crença) que o recurso de gestão, de boa gestão, de ótima gestão, é o de maior valor "benefício obtido/recurso aplicado", isto é, das alternativas possíveis é a mais eficiente. E por que assim creio? Porque o conhecimento de "boa gestão" é transmissível e eu pessoalmente acho que seus rendimentos demandam, para serem aprendidos, menor esforço do que a técnica demanda (por exemplo, a matemática, a física, a eletrônica). E seus frutos são grandes, proveitosos e, muito, mas muito mesmo, duradouros, visto que uma melhoria concreta na empresa, uma vez implantada, gera um aprimoramento relativo que não cessa nunca (a menos que haja uma volta ao estado anterior), isto é, tem praticamente retorno "infinito".

O campo das Teorias das Organizações, o seu estudo, a sua divulgação, a publicação de livros em português sobre o assunto, a realização de seminários, cursos, tertúlias, papos etc., sobre o tema é a maneira "sistêmica" pela qual, creio, deveríamos, nós, brasileiros de hoje, preocupados com o amanhã, resolver nossa dificuldades. Aprendamos a buscar incessantemente eficácia e eficiência. Façamos disto um postulado de vida. Passemos este conceito aos nossos filhos, aos nossos alunos, aos jovens, aos funcionários que nos rodeiam em nossas empresas. Não existem recursos (econômicos) suficientes; com recursos ótimos de gestão a situação será muito melhor, não paremos de planejar, de organizar, de rever os planos, de controlar a ação. E cada vez, por melhores mecanismos, mais eficazes, mais objetivos, mais eficientes.

São estas as razões que me levaram a escrever meu primeiro livro[1], que pretendeu ser uma introdução, didática e bem assimilável, curta e objetiva, às primeiras teorias da Administração de Empresas.

E agora, com esta segunda obra, procuro a primeira complementação ao primeiro livro, enfocando os aspectos comportamentais, ligados ao indivíduo, na análise das questões empresariais. Espero que esta, como a anterior, seja útil aos jovens que se graduam em nossas Universidades e aos profissionais de empresas, às quais tenho dedicado já metade de minha existência. Agradeço desde já eventuais críticas, comentários e sugestões que porventura os leitores possam desejar fazer, certo de que, contribuirão para meus próximos trabalhos.

1. *Teorias da Administração de Empresas*, São Paulo, Editora Perspectiva, 1978.

COLEÇÃO ELOS

1. *Estrutura e Problemas da Obra Literária*, Anatol Rosenfeld.
2. *O Prazer do Texto*, Roland Barthes.
3. *Mistificações Literárias: "Os Protocolos dos Sábios de Sião"*, Anatol Rosenfeld.
4. *Poder, Sexo e Letras na República Velha*, Sergio Miceli.
5. *Do Grotesco e do Sublime*, Victor Hugo (Trad. e Notas de Célia Berrettini).
6. *Ruptura dos Gêneros na Literatura Latino-Americana*, Haroldo de Campos.
7. *Lévi-Strauss ou o Novo Festim de Esopo*, Octavio Paz.
8. *Comércio e Relações Internacionais*, Celso Lafer.
9. *Guia Histórico da Literatura Hebraica*, J. Guinsburg.
10. *O Cenário no Avesso*, Sábato Magaldi.
11. *O Pequeno Exército Paulista*, Dalmo de Abreu Dallari.
12. *Projeções: Rússia/Brasil/Itália*, Boris Schaniderman.
13. *Marcel Duchamp ou o Castelo da Pureza*, Octavio Paz.
14. *Os Mitos Amazônicos da Tartaruga*, Charles Frederik Hartt (Trad. e Notas de Luís da Câmara Cascudo).
15. *Galut*, Itzhack Baer.
16. *Lenin: Capitalismo de Estado e Burocracia*, L. M. Rodrigues e O. de Flore.
17. *Círculo Lingüístico de Praga*, Org. J. Guinsburg.
18. *O Texto Estranho*, Lucrécia D'Aléssio Ferrara.
19. *O Desencantamento do Mundo*, Pierre Bourdieu.
20. *Teorias da Administração de Empresas*, Carlos Daniel Coradi.
21. *Duas Leituras Semióticas*, Eduardo Peñuela Cañizal.
22. *Em Busca das Linguagens Perdidas*, Anita Salmoni.
23. *A Linguagem de Beckett*, Célia Berrettini.
24. *Política e Jornalismo*, José Eduardo Faria.
25. *Idéia do Teatro*, José Ortega y Gasset.
26. *Oswald Canibal*, Benedito Nunes.
27. *Mário de Andrade/Borges*, Emir Rodríguez Monegal.
28. *Política e Estruturalismo em Israel*, Ziva Ben-Porat e Benjamin Hrushovski.
29. *A Prosa Vanguardista na Literatura Brasileira: Oswald de Andrade*, Kenneth D. Jackson.
30. *Estruturalismo: Russos x Franceses*, N. I. Balachov.
31. *O Problema Ocupacional: Implicações Regionais e Urbanas*, Anita Kon.

32. *Relações Literárias e Culturais entre Rússia e Brasil*, Leonid A. Shur.
33. *Jornalismo e Participação*, José Eduardo Faria.
34. *A Arte Poética*, Nicolas Boileau-Despreux (Trad. e Notas de Célia Berrettini).
35. *O Romance Experimental e o Naturalismo no Teatro*, Émile Zola (Trad. e Notas de Célia Berrettini e Italo Caroni).
36. *Duas Farsas: O Embrião do Teatro de Molière*, Célia Berrettini.
37. *A Propósito da Literariedade*, Inês Oseki-Dépré.
38. *Ensaios sobre a Liberdade*, Celso Lafer.
39. *Leão Tolstói*, Máximo Gorki (Trad. de Rubens Pereira dos Santos).
40. *Administração de Empresas: O Comportamento Humano*, Carlos Daniel Coradi.

impresso na
planimpress gráfica e editora
rua anhaia, 247 - s.p.